어떻게 공부할지
막막한 너에게

어떻게 공부할지
막막한 너에게

바버라 오클리, 테런스 세즈노스키, 앨리스테어 맥콘빌 지음
백지선 옮김

북로그컴퍼니

추천사

학생들이 꼭 알아야 할 근본적인 공부법

류승재, 《수학 잘하는 아이는 이렇게 공부합니다》 저자

많은 학부모와 학생들이 끊임없이 올바른 공부법을 찾아다닙니다. 그러나 대부분의 공부법 관련한 콘텐츠들이 그들의 기대를 충족하기에는 부족한 부분이 있습니다. 외국 학자들의 외국 통계 연구는 우리나라 상황과 맞지 않아 신뢰하기 힘든 면도 있고, 국내에서 연구한 책이나 유튜브 등은 주로 최상위권 위주의 설문이나 심층 면접을 기반으로 한 통계인지라 많은 학생들에게 적용하기에 무리가 있는 것도 사실입니다.

이런 목마름을 한 번에 해결해 줄 책이 바로 《어떻게 공부할지 막막한 너에게》입니다. 이 책은 뇌과학 세계 최고 권위자와 공학 교수가 실제 '뇌'의 작동 원리를 연구하며 찾아낸 공부법을 담고 있습니다.

이 책을 접하고 하루 만에 다 읽었습니다. 읽는 내내 평소 제가 주장하는 수학 공부법과 유사한 부분이 많아서 놀랐습니다. 이 책을 통해 경험적으로는 알고 있었지만 정확히 '왜' 그런지 몰랐던 궁금증이 해결되어 기쁘고, 제가 생각하는 올바른 수학 공부법이 뇌과학적으로 올바른 방향이라는 사실을 알게 되어 뿌듯합니다.

이 책을 읽으며 제일 먼저 든 생각은, 아이와 아내 그리고 제가 가르치는

어떻게 공부할지 막막한 너에게

학생들에게 빨리 읽혀야겠다는 것이었습니다. 올바른 지식을 전달하면서도 당장 활용할 수 있을 정도로 실용적입니다. 그러니 읽는 데서 그치지 말고 이 책에서 소개하는 내용을 적극적으로 따라 하길 바랍니다. 저 역시 책의 내용을 나름의 프로그램으로 만들어 제가 가르치는 학생들에게 적용해 보고 싶습니다.

이런 좋은 책을 번역해서 출간한 출판사에 감사드립니다. 뇌과학 세계 최고 권위자의 지식을 바탕으로 쓴 이 책이, 지나친 정보의 홍수 속에서 갈피를 잡지 못하는 학부모와 학생들에게 환한 등불이 되리라 믿어 의심치 않습니다. 공부를 잘하고 성적을 올리고 싶다면 이 책의 공부법을 따라 하길 적극 권장합니다.

한 살이라도 어릴 때
읽어야 할 책

이 책을 선택한 교사와 학부모 여러분을 환영합니다. 자녀 혹은 학생들의 공부를 돕기 위해 이 책을 골랐겠지요. 그런 의미에서 여러분은 우리와 이미 한 팀입니다!

이 책에는 바버라의 베스트셀러 《이과형 두뇌 활용법A Mind for Numbers》의 내용이 일부 실려 있습니다. 많은 독자가 《이과형 두뇌 활용법》에서 소개하는 개념과 방법이 아주 간단하고 유용해 아이들도 충분히 이해할 수 있었고, 수학뿐 아니라 모든 과목의 학습 능력을 키우는 데 유용했다는 후기를 수없이 전해 왔습니다.

그렇게 청소년을 위한 《어떻게 공부할지 막막한 너에게》가 탄생했습니다. 물론 나이를 막론하고 누구나 뇌의 작동 방식을 조금만 알면 공부를 더 즐겁게 할 수 있으며 공부 때문에 좌절하는 일을 줄일 수 있죠. 학생들뿐만 아니라 어른들도 이 책에서 새롭고 실용적인 아이디어를 다수 발견할 수 있다는 뜻입니다.

이 책을 효과적으로 활용하기 위한 여러 가지 팁을 알려 드리겠습니다.

우선, 정독이 중요합니다. 아이는 이 책을 대충 넘겨 보고 싶은 유혹에 시달릴 것입니다. 처음부터 끝까지 한 번 읽기만 하면 원하는 결과를 얻으리라 믿고 싶을 테고요. 하지만 절대 그렇지 않습니다! 이 책은 아주 적극적으로 읽어야 합니다. 옆에 공책을 두고 책의 내용을 필기하고 질문에 답하며 깨달은 바를 끄적이면서 읽을 때 가장 큰 효과를 볼 수 있습니다. 특히 '배운 내용 확인하기'는 직접 풀어 봐야만 원하는 효과, 즉 학습 능력 향상을 이룰 수 있습니다. 대충 읽고 싶어 하는 아이에게 이 사실을 꼭 알려 주세요.

보통 한 번에 30분씩 읽는 게 적당합니다. 어린 친구들은 더 짧게 읽어도 됩니다. 또한 큰 소리로 읽도록 지도하면 좋습니다. 온 가족이 이 책을 함께 읽는 즐거운 경험을 하게 됩니다.

초등학교 고학년 이상은 혼자 읽어도 되지만, 친구들과 토론하며 책의 핵심 개념을 확실히 이해하면 더 좋습니다. 친구 혹은 어른과 질문을 주고받으며 상호작용을 할수록 더 많은 걸 얻을 수 있습니다.

교사라면 학생들과 함께 소리 내어 읽으면 좋습니다. 혹은 학생들에게 각자 읽어오게 한 뒤 읽은 내용을 토론하는 것도 좋은 방법입니다. 이 책에 실린 각종 뇌과학 용어 설명은 관련 과목을 가르칠 때 도움이 될 것입니다.

이 책은 하루라도 어릴 때 접하는 게 좋습니다. 이 책에서 알려 주는 학습 전략을 더 어릴 때 활용할수록 뇌가 더 잘 발달하고 학습 능력이 올라가기 때문입니다. 또한 현대 사회의 변화에 맞춰 생겨나는 새로운 직업에 도전할 능력이 생길 것입니다.

흥미진진한 배움의 여정에 오른 여러분에게 감사 인사를 드립니다. 자, 이제 다 함께 출발해 볼까요?

-바버라 오클리, 테런스 세즈노스키, 앨리스테어 맥콘빌

차례

1장

하고 싶은 공부만 하며
살 수는 없기에

안녕하세요? 만나서 반가워요! 내 이름은 바버라 오클리Barbara Oakley 예요. 편하게 바브라고 불러 주세요. 오클랜드 대학교에서 공학 교수로 일하고 있죠.

본격적으로 공부 잘하는 비법을 이야기하기 전에, 내 비밀을 하나 알려 줄게요. 나는 학창 시절에 공부를 못했어요. 좋아하는 과목은 나름 잘했지만 싫어하는 과목은…… 어휴, 말도 말아요.

어른들은 모두 내게 열정을 따르라고 했어요. 내 귀에는 꽤나 그럴듯한 조언으로 들렸어요. 그 말이 '좋아하는 일은 하고 싫어하는 일은 하지 마라'라는 뜻인 줄 알았거든요. 그래서 그 조언을 철석같이 믿고 수학과 과학을 독약이라도 되는 듯 피했어요. 너무 싫었거든요. 하지만 모두가 알다시피 수학과 과학은 학교에서 필수 과목이에요. 어쩔 수 없이 수업을 들어야 했고, 성적은 낙제를 하거나 낙제를 간신히 면하는 수준으로 받았죠.

그랬던 내가 공학 교수가 됐어요. 놀랍지 않나요? 공학자가 되려면 수학과 과학을 잘해야 하는 걸 넘어서서 심오한 지식을 갖추고 있어야 하는데 말이에요. 지금의 나는 수학과 과학을 아주 잘하고 좋아해요. 공부 잘하는 비법을 찾았기 때문에 가능한 일이었어요.

이 책은 효과적인 공부법을 알려 주는 책이에요. 청소년을 위한 책이지만 어른에게도 도움이 되죠. 뿐만 아니라 모든 종류의 학습에 도움이 돼요. 잘하거나 잘 알고 싶은 분야가 뭐든 상관없어요. 수학, 외국어, 물리학, 화학, 축구, 춤, 자전거 타기, 게임까지! 무언가를 잘하고 싶다면

그것이 무엇이든 이 책이 도움이 될 거예요.

공부법만 제대로 알면 누구나 어떤 분야에서두 좋은 성과를 거둘 수 있어요. 여러분의 뇌는 여러분이 생각하는 것보다 훨씬 더 큰 힘을 갖고 있어요. 그 힘을 끌어내는 법을 알기만 하면 되죠. 공부를 잘하는 학생이든 잘하지 못하는 학생이든 이 책에 실린 간단한 방법을 따르면 공부를 더 잘할 수 있을 뿐 아니라 공부가 더 즐거워질 거예요.

누구나 뇌를 바꿀 수 있다

인간의 뇌는 온 우주에서 가장 정교한 장치일 거예요. 뇌에는 아주 놀라운 비밀이 숨어 있는데요, 바로 우리가 어떻게 활용하느냐에 따라 스스로 구조를 바꾼다는 사실이에요.

이 책은 뇌과학Brain Science, 다시 말해 신경과학Neuroscience 전문가 테런스 세즈노스키Terry Sejnowski 교수와 함께 썼어요. (편하게 테리라고 부르세요!) 테리는 다른 신경과학자들과 함께 학습 효과를 높이는 방법을 연구하고 있어요. 학습에 관해 아주 많은 걸 알고 있죠.

테리와 나는 여러분의 학습 능력을 높여 주고 싶어서 이 책을 썼어요. 이 책의 과학적 학습법은 테리와 내가 연구해서 만들어 낸 거예요. 이 책에는 테리가 연구하고 있는 신경과학뿐만 아니라 심리학과 교육학 같은 다양한 분야의 학자들이 밝혀 낸 학습 방식에 대한 정보도 실려 있어요.

또 다른 공동 저자인 앨리스테어 맥콘빌Alistair McConville('앨'이라고 부르면 돼요)은 이 책의 내용을 여러분이 이해하기 쉽게 풀어 쓰는 역할을 했어요. 아이들을 가르친 경험이 풍부하기 때문에 아무리 어린 독자라도 쉽게 알아들을 수 있게 글을 다듬었죠.

이 책을 쓴 우리들은 **누구나 자신의 학습 능력을 높일 수 있다는 걸 알아요.** 어떻게 아냐고요? 대규모 사용자를 위한 온라인 공개 수업인 '무크 MOOC: massive open online course'를 통해 학생들을 가르치고 있거든요(저자들은 세계 3대 무크 사이트 중 하나로 꼽히는 코세라Coursera에서 강좌를 진행하고 있다. -옮긴이). 우리가 개설한 수업인 '학습법 배우기Learning How to Learn'는 가장 효과적인 공부법을 알려 주는 수업으로 지금까지 수백 만 명이 들었어요. 우리는 이 수업을 듣고 학습 능력이 크게 높아진 수강생을 아주 많이 봐 왔어요.

성적이 우수한 학생도 학습 능력을 더 높일 수 있어요. 아직 성적이 원하는 만큼 나오지 않는 학생은 말할 것도 없죠. 물론 이 책의 비법을 따라 한다고 해서 갑자기 공부가 엄청 쉬워지는 건 아니에요. 하지만 여러분이 좋아하는 일을 할 시간, 그러니까 게임 혹은 축구를 하거나 유튜브를 보거나 친구들과 놀 시간이 분명 늘어날 거예요. 게다가 이 책의 비법을 활용하면 게임이나 축구도 더 잘할 수 있어요!

학습 능력을 높이면 학교생활이 더 즐거워지고 공부 때문에 좌절하는 일이 줄어들어요. 이 책에서 여러분은 기억력을 높이고, 과제를 더 빨리 끝내고, 어떤 분야를 택하든 그 분야의 고수가 되게 해 주는 아주 강력한 비법을 배울 거예요. 또한 그 과정에서 놀랍고 흥미로운 사실들도 알게 될 거예요. 한 가지 예를 들자면, 배우는 속도가 느려서 공부가 힘든 학생은 일반적으로 창의력이 남들보다 뛰어나요. 이건 나중에 이야기할 기회가 있을 거예요.

공부법을 배워서 좋은 점은 그뿐만이 아니에요. 공부법을 배우면 여러분의 가능성이 더 커져요. 미래의 직업 세계는 다양한 재능을 지닌 창의적인 사람을 필요로 하고 있죠. 이 책은 여러분 모두가 자기 안에 숨은 다양한 재능과 창의력을 개발하도록 도울 거예요!

지금 당장 효과적인 공부법을 알고 싶다면 22쪽에 있는 '이 책을 제대로 읽는 방법'을 꼼꼼하게 읽고 2장으로 넘어가도 돼요. 하지만 나, 바브의 과서와 내가 뇌를 바꿔 학습 능력을 높인 과정을 알고 싶다면 1장을 계속 읽어 나가는 걸 추천해요. 이 책을 펼친 여러분 중 태반이 수학과 과학을 무서워하겠죠? 그러면 내 사연, 즉 수포자가 공학 교수가 된 비법을 궁금해 하리라 믿어요. 다른 저자인 테리와 앨의 이야기도 나중에 나올 텐데, 두 사람의 이야기 역시 흥미로워요. 이 이야기들을 읽으면 사람들이 서로 얼마나 다른지 알게 될 거예요.

수학을 싫어하던 소녀

나는 어릴 때 동물과 만들기 그리고 공상하기를 참 좋아했어요. 반면 끔찍하게 싫어했던 걸 떠올려 보면…… 숫자였어요. 예를 들자면 나는 아날로그시계가 정말 헷갈렸어요. 왜 그렇게 보기 헷갈리게 만들었는지 이해가 가질 않았죠. 왜 시침이 분침보다 짧을까? 시가 분보다 더 길지 않나? 그럼 시침이 더 길어야 하는 거 아닌가? 대체 누가 이렇게 만든 거야?

나는 기계와도 그다지 친하지 않았어요. 텔레비전에 왜 그렇게 많은 버튼이 달려 있는지 도저히 이해가 되지 않았고(리모컨이 없던 시절이었어요) 가족 중 누군가가 기술적 문제를 척척 해결해 줄 때만 텔레비전을 볼 수 있었어요. 텔레비전 채널 돌리는 것도 힘들었던 판에 수학과 과학 같은 과목에 자신이 있을 리가 없었겠죠?

엎친 데 덮친 격으로 집안 사정도 좋지 않았어요. 열세 살 때 아버지가 허리 부상 때문에 직장을 그만두셔서 이사를 해야 했어요. 사실 그게 한두 번이 아니었는데요, 열다섯 살 때까지 최소한 열 번은 이사를 갔을 거예요. 이게 문제였어요. 나는 매번 새로운 학교로 전학을 갔는데 그때마다 수학 진도를 조금씩 놓쳤죠. 교과서를 들여다보고 있자면 모든 단원이 뒤죽박죽으로 보였어요. 교과서의 내용이 전혀 이해가 되지 않았다는 뜻이에요.

그렇게 나는 수학에 완전히 흥미를 잃었어요. 그렇다고 기가 죽지는 않았죠. 오히려 수학 성적이 형편없는 걸 자랑스럽게 여겼어요. 그냥 나는 '원래 그런 사람'이니까 숫자와 방정식은 어떻게든 피해야 할 치명적인 질병이라고 생각했죠.

아, 나는 과학도 싫어했어요. 싫어하게 된 계기가 있는데, 첫 화학 실험 때 선생님이 나와 내 실험 짝꿍에게만 다른 물질을 주셨어요. 우리는 그것도 모르고 다른 친구들과 같은 결과를 얻으려고 애썼고, 선생님은 그런 우릴 놀리셨죠.

다행히 수학과 과학을 뺀 다른 과목은 곧잘 했어요. 특히 역사와 사회처럼 문화와 관련된 과목은 다 좋아했고 성적도 잘 나왔어요.

숫자와 친하지 않았던 터라 나는 외국어를 배우고 싶었어요. 어릴 때 내 주변 사람들은 다 영어만 할 줄 알았기 때문에 두 가지 언어를 할 줄 아는 사람이 정말 신기해 보였죠. 하지만 대학에 갈 형편이 되지 않아 외국어를 배울 길이 없었어요.

그러다 우연히 군인이 되면 외국어를 공짜로 배울 수 있다는 걸 알게 됐어요. 그래서 고등학교를 졸업하자마자 군에 입대해 러시아어를 배웠어요. 왜 러시아어를 배웠냐고요? 특별한 이유는 없어요. 그냥 재미있어 보였죠.

내가 공부한 곳은 캘리포니아의 미 국방언어학교로, 언어를 가르치는 기술이 정말 뛰어난 학교였죠. 새로운 언어를 배우는 건 생각보다 쉽지 않았어요. 게다가 내 기억력은 그다지 좋은 편이 아니었기 때문에 정말 많은 연습을 해야 했어요.

다행히 실력은 점점 좋아졌고 나중에는 꽤 잘하게 됐죠. 4년제 대학에 다닐 수 있는 장학금까지 탔으니까요. 그렇게 대학에 가서도 나는 러시아어를 계속 공부했어요. 얼마나 신났었는지 몰라요! 외국어를 배우고 싶다는 나만의 열정을 따랐고 결과도 좋았으니까요.

그런데 문제가 생겼어요.

위기가 닥치다

내가 통신대, 즉 군사 통신을 책임지는 부대의 장교로 선발된 거예요. 나는 무전기, 전선, 전화기 등등 어릴 때부터 그토록 싫어했던 기계를 다뤄야 했죠. 언어 전문가가 됐다고 생각했는데 갑자기 고등학교 화학 수업 시간으로 돌아간 것 같았어요. 길을 잃은 기분이었죠.

설상가상으로 얼마 후엔 독일로 발령이 났어요. 독일에서 오십 명의 통신병을 지휘하는 일을 맡았죠. 물론 더 많은 기계를 다뤄야 했고요. 나는 일을 아주 못하는 장교였어요. 통신 장비를 제대로 다루지도 못하는 장교가 어떻게 병사들을 가르치고 지휘할 수 있었겠어요? 반면에 동료 장교들은 기계를 다루는 데 능숙했고 수학이나 과학과 아주 친해 보였죠.

결국 나는 스물여섯 살에 군대를 나와 다른 일자리를 찾기로 했어요. 하지만 뽑아 주는 데가 없었어요. 언어 능력은 뛰어났지만 일자리를 얻는 데 필요한 다른 기술들이 전혀 없었거든요. 그제야 나는 '열정만 따르면 선택의 폭이 좁아진다'라는 사실을 깨달았어요.

언어 능력이나 문화는 지금도 중요하고 앞으로도 중요할 거예요. 하지만 지금은 과학과 수학 그리고 기술이 무엇보다 중요한 시대예요. 나는 과학과 수학과 기술을 잘하면 얻을 수 있는 새롭고 흥미진진한 기회를 놓치기 싫었어요! 하지만 그 기회를 잡기 위해 수학과 과학을 배우려면 뇌를 다시 훈련해야 했죠. 나 같은 사람도 그게 가능할지 걱정이 됐지만 일단 도전해 보기로 했어요.

진로를 바꾸다

우선 공학을 공부하려고 대학에 다시 입학했어요. 수학은 가장 낮은 단계부터 시작했죠. 고등학교 때 수학에 낙제했던 학생을 위해 개

설된 쉬운 대수학 강의부터 들었어요.

처음에는 까막눈이 된 기분이었어요. 다른 학생들은 쉽게 푸는 문제를 나만 풀지 못했어요. 처음 몇 달간은 내가 옳은 결정을 했는지 의심이 들기도 했어요.

지금 내가 알고 있는 걸 그때도 알았더라면 훨씬 쉽게 공부했을 텐데 말이죠. 우리가 이 책을 쓴 건 바로 이 때문이에요. 그때의 나처럼 고생하지 않도록 여러분에게 가장 효과적인 공부법을 알려 주고 싶었어요.

어쨌든 대학에서 몇 년 더 공부하고 나니 얻을 수 있는 일자리의 폭이 넓어졌어요. 원래 갖고 있던 러시아어 실력을 이용해 러시아 어선에서 통역사로 일한 적도 있지만, 기술을 다루는 능력을 발휘하기 시작하자 새로운 일자리가 생겼어요. 급기야는 남극 기지에서 무선 통신사로 일하게 됐어요. 거기에서 지금의 남편을 만났고 결혼한 지는 벌써 35년이 다 되어 가요. 내가 지구의 끝까지 가지 않았다면, 아니 그전에 수학과 과학을 공부하는 법을 배우지 않았다면 나는 이 남자를 만나지 못했을 거예요.

결국 나는 전기 공학 학사 학위를 받고 대학을 졸업했어요. 졸업하고 전기 기술자로 4년 동안 일한 뒤에는, 전기 공학과 컴퓨터 공학 분야 석사 학위를 따려고 다시 학교로 돌아갔어요. 그렇게 몇 년을 더 공부한 뒤에는 시스템 공학으로 '박사' 학위를 땄어요. 사람들이 가끔 나를 '오클리 박사'라고 부르는 건 이 때문이에요. (그래도 여러분은 나를 '바브'라고 불러 주세요!) 이제 나는 복잡한 수학 방정식을 능숙하게 풀고 어려운 과학 개념을 손쉽게 이해하는 전문가가 되었어요. 텔레비전도 제

　어떻게 공부할지 막막한 너에게

대로 틀지 못하던 소녀가 환골탈태를 한 거죠!

모두 뇌를 '재설계'해 약점을 극복한 덕분이에요.

직업이 교수다 보니 나는 사람들이 무언가를 배우는 방식에 관심이 아주 많아요. 그러다 테리를 만나게 되었고, 그와 함께 공부법에 대해 많은 이야기를 나누었어요. 이 책의 또 다른 저자인 앨도 공부법에 대한 관심 때문에 만나게 됐어요. 앨이 공부법을 배우게 된 사연도 꽤 흥미로우니 기대하세요.

이 책은 여러분의 뇌가 새로운 내용을 가장 효과적으로 배우려면 어떻게 해야 하는지 알려 줄 거예요. 이 책에 나오는 비법들은 아주 간단하고, 여러분은 학습을 잘할 수 있는 특별한 능력을 이미 갖고 있어요. 더 어릴 때그 능력을 끌어내야 더 오랫동안 그 능력을 발휘할 수 있어요.

자기 분야에서 성공한 많은 어른들이 이 책을 보고 다음과 같이 말했어요. "어릴 때 알았더라면 공부가 훨씬 쉬웠을 텐데!", "내 꿈이 달라졌을 수도 있었겠다!" 자신의 잠재력이 얼마나 큰지 어릴 때는 깨닫지 못했던 거죠.

잘하는 과목에만 집중해야 한다고 믿는 사람이 많아요. 하지만 내가 해냈듯 싫어하는 과목도 얼마든지 잘할 수 있어요. 자기만의 열정을 따라도 괜찮지만, 다양한 분야에 열정을 쏟으면 멋진 기회가 더 많이 생겨요. 내 경우, 잘할 자신이 전혀 없었던 과목을 공부하는 건 신나는 모험이었어요!

사람들은 흔히 어떤 한 과목을 잘하지 못하면 다른 과목도 잘하기 어렵다고 생각해요. 하지만 테리와 같은 신경과학자들이 연구한 바에 따르면 이 생각은 틀렸어요. 뇌는 신기한 공구함과 같아서 모든 상황에서 쓸 수 있는 공구가 다 들어 있죠. 대신 이 공구함의 공구들을 언제, 어떻게 활용할지 배우는 건 자신의 몫이에요. 나사를 돌릴 때 망치를 쓰면 안 되니까요.

지금까지 이 책을 쓴 이유와, 나의 '공부 역사'에 대해 이야기했어요. 다음 장에서는 공부가 잘 되지 않을 때 뇌에서 어떤 일이 일어나는지 알아볼 거예요. 공부가 더 쉽고 즐거워지게 만드는 간단한 방법들이 계속 나오니 기대해도 좋아요.

이 책을 제대로 읽는 방법

2장부터 여러분은 본격적으로 공부법을 공부하게 될 거예요. 그 전에 이 책을 '제대로' 읽는 법을 알려 줄게요. 이 방법은 다른 공부를 할 때도 똑같이 적용해 보면 좋아요. 엄청나게 효과적이거든요.

흐름 파악하기　→　적으면서 읽기　→　배운 내용 확인하기

STEP 1. 흐름 파악하기

새로운 장을 읽을 때는 '흐름 파악하기picture walk'부터 하세요. **흐름 파악하기는 쉽게 말해 중요한 텍스트만 훑어보는 거예요.** 공부할 단원의 그림, 그림 밑에 적힌 설명, 도표, 제목, 굵은 글씨로 된 문장들, 요약본, (만약 있다면) 단원의 맨 끝에 있는 문제 등을 쭉 살펴보는 거죠.

내용을 제대로 읽지도 않고 대충 훑어보기만 하라니, 말도 안 된다고 생각할지도 모르겠네요. 하지만 '흐름 파악하기'를 하면 뇌가 앞으로 읽을 내용이 무엇인지 감을 잡을 수 있어요. 영화의 예고편을 보거나 여행을 떠나기 전에 지도를 보는 것과 비슷해요. 길게 할 필요도 없어요. 1~2분 동안 쭉 훑어보면 놀라울 정도로 체계적으로 생각을 정리할 수 있어요.

어떻게 공부할지 막막한 너에게

흐름 파악하기는 옷걸이와 비슷해요. 옷걸이를 사용해 옷을 종류별로 착착 분류할 수 있으니까요. 옷걸이가 없으면 옷이 바닥에 널브러져 서로 뒤섞여 엉망진창이 되겠죠.

지금 읽고 있는 부분의 개념을 다 이해하고 나서 다음 쪽으로 넘어가는 사람이 많을 거예요. 나 역시 학창 시절에 교과서를 볼 때 한 쪽씩 꼼꼼히 읽었으니까요. 여러분은 절대 그러지 마세요! 흐름 파악하기부터 하는 거예요.

STEP 2. 적으면서 읽기

흐름 파악하기를 끝냈다면, 이제 본격적으로 자세히 읽어 나갈 차례예요. 이때 눈으로만 읽어서는 안 돼요. 눈으로만 읽으면 아무 생각 없이 읽게 되거든요. 주의 깊게 읽어 나가려면 **공책에 배운 내용을 적고, 요점을 낙서하듯 끄적이며 읽으세요.** 그렇게 하면 새로운 개념을 뇌에 더 잘 새길 수 있어요.

따라서 이 책을 읽기 전, 공책과 펜을 준비하세요!

STEP 3. 배운 내용 확인하기

각 장마다 끝에 <배운 내용 확인하기>라는 제목으로 문제들이 나와요. 되도록 풀어 보는 걸 추천해요. 그 문제들은 그냥 있는 것이 아니거든요. 그 장의 학습 목표가 무엇인지 감을 잡게 해 줘요.

너무 열심히 공부하면
안 되는 이유

선생님이나 엄마 아빠에게 주목하라거나 집중하라는 말을 들어본 적 있죠? 아마 스스로에게 말한 적도 있을 거예요.

"집중하자, 집중!"

그만큼 누구나 쉽게 주의가 산만해져요. 창문 밖에서 일어나는 일이 책 속의 일보다 흥미롭게 느껴질 때가 있죠. 나중에 만날 친구나 이따 먹을 점심 메뉴가 자꾸 아른거리고 말이죠.

그런데 산만한 게 무조건 나쁘기만 할까요?

아닐 수도 있어요. 이번 장에서는 그 이유를 알아볼게요.

• 산만한 아이는 어른의 상대가 되지 못할까요? •

위의 사진을 보세요. 왼쪽에 있는 남자아이와 오른쪽에 있는 성인 남자가 체스를 두고 있네요. 그런데…… 아이가 좀 버릇없어 보이지 않나요? 전형적인 열세 살 아이답게 정신을 다른 데 두고 있는 것처럼 보이죠? 분명 어른들에게 산만하다는 말을 들었을 것 같네요. 어른들은 꼭 스마트폰 탓을 하며 어린 아이들의 산만함을 나무라곤 하죠.

아이의 이름은 망누스 칼센Magnus Carsen이고 경기 당시 열세 살이었어요. 맞은편에 앉아 있는 어른은 전설적인 체스 천재인 가리 카스파로프Garry Kasparov예요. 두 사람은 2004년에 열린 '레이캬비크 래피드' 경기에서 스피드 체스를 두고 있었죠. 가리는 망누스가 경기 도중에 자리에서 일어나 다른 선수들의 게임을 구경하는 걸 보고 깜짝 놀랐어요. 가리는 역사상 가장 뛰어난 체스 선수로 손꼽히는 사람이에요. 그런 사람을 상대로 집중을 안 하다니, 망누스가 이길 가능성은 거의 없어 보였어요. 그런데 과연 그랬을까요?

저 사진이 찍힌 직후에 망누스는 제자리로 돌아와 다시 게임에 집중했어요. 잠시 쉬고 난 덕분에 게임에 더 잘 집중할 수 있었죠.

그리고 놀랍게도, 가리는 이 게임을 이기지 못했어요. 무승부로 끝났어요. 세계 최고의 체스 선수가 산만하기 그지없어 보이는 열세 살짜리 소년을 상대로 말이죠.

이쯤에서 놀라운 사실을 하나 알려 줄게요.

생각하는 힘을 키우려면 가끔은 산만해질 필요가 있어요. 멍하니 딴생각을 하는 게 공부나 문제 해결에 도움이 된다는 뜻이에요.

공부를 더 잘하고 싶다면, 가끔은 좀 덜 집중해야 할 필요가 있다는 사실이 이번 장의 핵심이에요. 그 이유를 지금부터 알아볼게요.

신비한 뇌의 두 가지 작동 방식

1장에서 본 '신경과학'이라는 단어가 기억나나요? 신경과학은 뇌를 연구하는 학문이에요. 최근 신경과학자들은 특별한 뇌 촬영 기술을 활용해서 사람의 뇌 속을 들여다보고 뇌를 더 잘 이해하고 있죠.

이런 기술들을 통해, 신경과학자들은 뇌가 두 가지 방식으로 작동한다는 사실을 발견했어요. 이제부터 우리는 이 두 방식을 **집중 모드**와 **분산 모드**라고 부를 거예요. 집중 모드와 분산 모드는 둘 다 학습 효과를 높이는 데 중요한 역할을 해요.

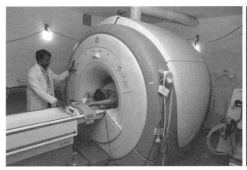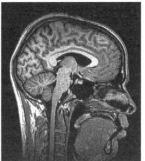

• 머릿속을 들여다봅시다! •

집중 모드는 어떤 대상에 주의를 기울이는 상태에요. 예를 들면 수학 문제를 풀려고 애쓸 때 혹은 수업 시간에 선생님을 바라보면서 선생님이 하는 말에 귀를 기울일 때 이 집중 모드가 작동해요. 비디오 게임을 하거나 직소 퍼즐을 맞추거나 외국어 단어를 외울 때도 마찬가지로 집중 모드가 작동해요.

집중할 때는 뇌의 특정 부위가 활발해져요. 활성화하는 부위는 하는 일에 따라 달라져요. 예를 들어 곱셈 문제를 풀 때나 말할 때나 똑같이 집중 모드에 들어가지만, 서로 다른 뇌 부위가 작동해요.[1](이 문장 끝에 붙은 작은 숫자 1은 '미주' 번호예요. 미주 번호는 이 번호가 달린 부분과 관련해 보충할 정보가 책의 뒤에 실려 있다는 걸 나타내죠. 보통 그 부분에 대한 연구의 출처나 내용이 실려 있어요. 궁금하면 지금 바로 280쪽을 펼쳐서 첫 번째 미주를 읽어보세요. 미주가 뭔지 감이 올 거예요.)

새로운 내용을 배울 때는 먼저 그 내용에 완전히 집중해서 그 내용과 관련된 뇌 부위를 작동시켜야 해요. 다시 말해 '시동'을 걸어야 하죠.

한편 분산 모드는 이런저런 잡다한 생각에 빠진 상태예요. 마음이 편안하고 자유로울 때 작동하죠. 혹은 공상을 하거나 재미로 낙서를 할 때도 분산 모드가 작동해요. 수업 시간에 선생님에게 집중하라는 말을 들은 그 순간 여러분의 뇌에서는 아마 분산 모드가 작동하고 있었을 거예요.

분산 모드일 때는 집중할 때 쓰는 부위와는 다른 뇌 부위가 약하게 작동해요. 이런 분산 모드가 작동하면 생각이 하나의 대상에 집중되지 않는 대신, 여러 가지 아이디어를 창의적으로 연결하기가 쉬워져요. 그래서 창의적인 생각은 분산 모드일 때 더 잘 떠올라요.

연구에 따르면, 뇌는 집중 모드와 분산 모드를 왔다 갔다 할 때 학습 효과가 높아요.

핀볼 게임을 해 보자

집중 모드와 분산 모드를 더 잘 이해하기 위해 핀볼이라는 게임을 해 봅시다. 옛날 아케이드 게임인데, 지금 해도 재미있어요.

핀볼 게임은 용수철이 달린 막대 손잡이를 잡아당겨서 시작해요. 손잡이를 당겼다 놓으면 쇠구슬이 튕겨 올라가 테이블 위로 굴러가요. 구슬이 핀볼 테이블 위 곳곳에 있는 고무 범퍼들에 부딪칠 때마다 불빛이 번쩍이고 요란한 소리가 울리며 점수가 올라가요. 테이블의 아래쪽에 설치된 두 개의 플리퍼를 움직여 구슬을 다시 위로 튕겨 올릴 수 있어요.

구슬이 굴러떨어지지 않고 최대한 오랫동안 많이 범퍼에 부딪치게

• 구슬이 '길'을 만들고 있어요! •

해서 높은 점수를 얻는 게 게임의 목표예요. 범퍼의 간격은 테이블의 종류에 따라 좁기도 하고 넓기도 해요.

핀볼 테이블을 '뇌'에, 그 위에서 움직이는 구슬을 '생각'에 비유할 수 있어요. 범퍼의 간격이 오밀조밀한 테이블은 집중 모드일 때의 뇌와 같아요. 에너지를 다 써서 굴러떨어질 때까지 구슬이 작은 범위 안에서 이리저리 빠르게 튕기는 상태죠.

머릿속에서 구슬이 움직이면서 길을 만드는 장면을 상상해 보세요. 집중 모드일 때 생각을 하면 뇌에 길이 생겨요. 새로운 내용을 배우고 익히기 시작할 때 생기는 길이죠.

예를 들어 여러분이 구구단을 외웠다고 가정해 봅시다. 내가 여러분에게 곱셈 문제를 풀라고 하면 여러분의 생각은 뇌에 생긴 '곱셈의 길'을 따라 움직일 거예요. 다음 그림을 보면 내가 한 말이 무슨 뜻인지 이해될 거예요.

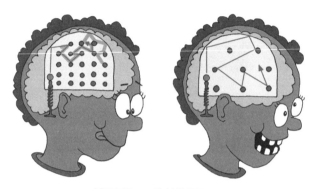

• 집중 모드(왼쪽)와 분산 모드(오른쪽) •

왼쪽은 집중 모드일 때 뇌의 모습이에요. 범퍼의 간격이 좁고 구슬이 아주 빠르게 움직이고 있어요. 이 상태에서는 생각이 멀리 뻗을 수 없고 오직 구구단에만 집중할 수 있어요! 집중 모드일 때 생각의 구슬은 여러분이 예전에 구구단을 외우고 곱셈을 했을 때 흐릿하게 생긴 길을 따라서만 빠르게 움직여요.

오른쪽은 분산 모드일 때 뇌의 모습이에요. 범퍼의 간격이 훨씬 넓은 게 보이죠? 생각의 구슬이 움직이는 범위가 훨씬 더 크고 범퍼에도 덜 부딪쳐요. 생각이 얼마나 넓게 튕겨 나가는지 보이죠?

뇌는 두 종류의 핀볼 기계와 비슷하게 작동해요. 하나하나 꼼꼼히 짚어

어떻게 공부할지 막막한 너에게

가며 생각하는 것에서 벗어나 전체적인 상황을 자유롭게 생각하고 싶다면, 뇌를 집중 모드에서 분산 모드로 바꿔야 해요. 그러려면 두 개의 핀볼 테이블이 모두 필요하죠. 그런데 뇌는 동시에 두 개의 핀볼 테이블을 갖고 놀 수 없어요. 집중 모드 혹은 분산 모드, 한 번에 한 모드만 작동할 수 있어요.

다음 그림은 두 모드의 차이를 보여 주는 재미있는 비유예요.[2]

· 우승컵에 집중! ·   · 헤헤, 파리다 ·

모드 전환하기

그렇다면 어떻게 해야 모드를 바꿀 수 있을까요?

어떤 일에 집중하는 건 간단해요. 그 일에 관심을 기울이는 순간 바로 집중 모드가 켜져요. 생각의 구슬이 집중 모드 테이블에서 휙휙 움직이기 시작해요. 그러나 안타깝게도 한 가지 일에 오랫동안 집중하기는 어려워요. 집중을 하다가 자기도 모르게 분산 모드로 바뀌어 공상에 빠지는 건 그 때문이에요. 구슬을 다시 튕겨 올리는 플리퍼를 열심히 움직이지 않으면, 구슬은 집중 모드에서 그 아래에 있는 분산 모드로 굴러떨어져요.

머릿속 플리퍼를 움직이려면 어떻게 해야 하냐고요? 열심히 해야죠. 예를 들어 수업 시간에 집중 모드를 계속 지속하고 싶다면, 수업에 최대한 많이 참여해야 해요. 여러 수단을 동원하세요. 선생님에게 질문을 하거나, 칠판에 답을 적거나, 모둠 활동 때 적극적으로 움직이는 거예요.

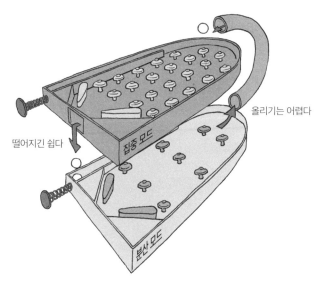

올리기는 어렵다

떨어지긴 쉽다

집중 모드

분산 모드

· 열심히 하지 않으면, 집중 모드는 금세 풀려요! ·

한편 분산 모드일 때는 한 가지 대상에 집중하지 않아요. 멍하니 이런저런 잡생각에 빠지죠. 주로 산책을 하거나, 버스 안에서 창밖을 내다보거나, 샤워를 하거나, 잠에 들 때 분산 모드가 켜져요. 또한 어떤

어떻게 공부할지 막막한 너에게

일을 하다가 다른 일에 집중해도 원래 하던 일에 대한 분산 모드를 잠시 작동시킬 수 있어요. 무슨 말이냐고요? 개를 껴안는 일에 집중할 때는 수학 문제에 집중할 수 없어서 '수학 문제에 대한 분산 모드'가 켜져요. 다른 선수의 체스 게임에 집중할 때는 자신의 체스 게임에 집중할 수 없어서 분산 모드가 켜지고요.

어떤 일을 하다가 막힐 때는 분산 모드를 켜는 게 좋아요. 예를 들어 수학 문제를 풀다 막힐 때는 잠시 지리 같은 다른 과목을 공부하면 좋아요. 그러다 다시 수학 문제를 풀면 막혔던 부분이 풀리기도 해요. 물론 분산 모드를 가장 잘 작동시키는 방법은 수면이나 운동, 드라이브 등이에요. 특히 유명한 사람들 중에는 자는 동안(낮에 있었던 일들이 머릿속에서 마구 출렁이죠!) 큰 깨달음을 얻은 사람이 많아요.[3]

ADHD가 뭔지 다들 들어 봤죠? ADHD는 'Attention-Deficit / Hyperactivity Disorder'의 약자로 '주의력결핍 과잉행동 장애'라는 뜻이에요. 주의력이 부족하고 충동을 잘 조절하지 못하는 상태를 뜻해요. 아이들은 누구나 어느 정도는 주의력이 부족하고 충동 조절에 어려움을 겪는데, ADHD 판정을 받은 아이는 다른 아이들보다 더 심각해요.

이런 아이들은 집중 모드의 핀볼 테이블에 구멍이 몇 개 더 뚫려 있다고 생각하면 쉬워요. 다시 말해 생각의 구슬이 남들보다 더 쉽게 분산 모드로 굴러떨어지는 거예요. 따라서 ADHD 증상을 보이는 아이는 구슬이 집중 모드 테이블을 벗어나지 않게 하려면 머릿속 플리퍼를 다른 아이들보다 더 부지런히 움직여야 해요. 그런데 이 구멍에는 숨은 장점이 있는데요, 바로 창의력을 높여 준다는 사실이에요! 집중력이 떨어지는 대신 창의력이 뛰어나다면, 손해 보는 장사는 아닌 셈이죠?

(그 이유는 14장에서 알게 될 거예요. 궁금하다고 미리 넘어가지 말고 천천히 책을 읽어 나가세요!)

집중 모드-분산 모드 체인지

준비물: 동전 열 개

집중 모드에서 분산 모드로 바뀌면 어떤 느낌인지 알려 주는 퀴즈를 하나 풀어 봅시다.

아래 그림에서 동전을 세 개만 움직여서 역삼각형 모양을 만들어 보세요. 가급적 동전을 그림과 같이 깔아놓고 직접 손으로 동전을 움직이면서 푸세요.

몇몇 아이들은 이 문제를 보자마자 쉽게 풀었어요. 반면 몇몇 교수들은 답을 찾지 못하고 포기했어요. 문제에 지나치게 집중했거든요.

Hint 집중하지 않고 편안한 마음으로 풀면 답이 아주 쉽게 나와요. 답을 알고 싶다면, 미주를 보세요![4]

공부하다 막힐 때 대처하는 법

무언가를 할 때 막히는 이유는 무엇일까요? 수학이나 과학 문제를 풀 때 잘 안 풀리는 건 왜일까요? 기타로 코드를 연주하는 법을 배우거나, 축구의 특정 동작을 배우는 것처럼 새로운 무언가를 배울 때도 어느 순간 진도가 안 나간다는 느낌을 받곤 하죠. 그 이유는 크게 두 가지로 나눌 수 있어요.

첫 번째는 애초에 설명 자체를 이해하지 못한 경우예요. 불행히도 이 경우는 분산 모드가 별 도움이 되지 않아요. 집중 모드 때 뇌에 아무것도 입력하지 않았기 때문이죠. 처음으로 돌아가 교과서나 공책에 적힌 설명과 예시를 다시 읽어야 해요. 아니면 선생님에게 다시 설명해달라고 부탁하거나, 유튜브에 다른 방식의 설명이 있는지 찾아보세요. 이때는 무조건 집중 모드여야 해요. 유튜브에 들어가 다른 재미있는 동영상에 한눈팔면 안 된다는 뜻이에요.

두 번째는 제대로 공부했는데 실전에서 실패하는 경우예요. 분명 집중 모드일 때 주의 깊게 공부해서 뇌에 설명을 제대로 입력했는데도 막상 문제를 풀거나 코드를 짚거나 축구 동작을 수행하려고 하면 막히는 거예요. 정말 짜증 나는 경우죠. 도대체 왜 안 되는 걸까요?

바로 그럴 때 뇌의 분산 모드가 작동할 기회를 줘야 해요. **분산 모드는 집중하고 있는 대상에서 관심을 끊지 않으면 작동하지 않아요.** 열세 살 체스 선수 망누스처럼 가끔은 잠시 휴식을 취해야 해요. 그래야 뇌의 분산 모드를 잘 구슬려 막힌 상황을 해결하게 유도할 수 있어요. 플리퍼를 미친 듯이 움직이지 말고, 잠시 문제 상황에서 신경을 *끄*세요. 그러면 뇌의 분산 모드가 움직이기 시작할 거예요.

다른 일에 집중하는 것도 방법이에요. 앞서 말했듯이 수학 문제를 풀다 막히면 다른 과목을 공부하는 거죠. 그러니 공부를 할 때는 막히는 과목부터 공부하세요. 그러면 정해진 공부 시간 동안 그 과목이 막힐 때 다른 과목과 번갈아 공부하면서 분산 모드를 활용할 수 있어요. 제일 어려운 과목을 맨 마지막에 공부하는 건 추천하지 않아요. 머리가 이미 피로한 상태라서 잘하기 어려운 데다, 분산 모드를 작동시킬 시간도 부족하기 때문이에요.

혹은 갑자기 자리에서 일어나 친구들 앞에서 10분 동안 발표를 하는 상황 역시 분산 모드라고 볼 수 있어요. 발표를 해야 하는 상황을 겪으면 무척 당황스럽겠죠? 두근대는 가슴을 진정시키며 발표에 온 신경을 쏟다 보면 원래 집중하고 있던 수업 내용이 무엇이든 그 내용을 완전히 잊어버리게 돼요. 그렇게 10분이나 15분쯤 잊어버리고 있다가 다시 원래 공부하던 내용을 보면 막혔던 부분을 새로운 시각으로 볼 수 있게 되는 거죠. 어떤 방식이든, 가끔은 뇌를 잠시 쉬게 해야 한다는 사실을 잊지 마세요.

분산 모드일 때 뇌는 조용히, 여러분이 의식하지 않는 사이에 막히는 문제를 풀고 있어요. 생각의 구슬이 그 문제를 푸는 데 필요한 각종 개념들과 부딪치면서 분산 모드 테이블 위를 씽씽 돌아다니죠.

그렇다면 얼마나 쉬는 게 좋을까요? 휴식 시간은 사람마다 다르고 그날 해야 할 공부의 양에 따라 달라요. 그래도 5분이나 10분쯤이 적당해요. 너무 오래 쉬지는 마세요. 저녁에 놀 시간을 확보하려면 얼른 공부를 끝내는 게 좋을 테니까요!

모드 전환은 첫술에 배부르지 않다

공부하는 동안 집중 모드와 분산 모드를 번갈아 작동시키는 전략이 늘 단번에 효과를 발휘하는 건 아니에요. 두 모드를 몇 번 왔다 갔다 한 뒤에야 막혔던 문제가 풀릴 때도 있어요. 또한 집중 모드일 때 공부 중인 내용에 최대한 집중하고 나서 쉬는 시간을 가져야 해요.

얼마나 오래 집중해야 할까요? 보통 10분에서 15분(어린 친구들은 3분에서 5분)을 매달렸는데도 문제가 풀리지 않으면 잠시 쉬어서 분산 모드를 작동시키는 게 좋아요. 분산 모드에 필요한 휴식 시간은 상황에 따라 길 수도 짧을 수도 있어요. 10분에서 15분 정도면 충분할 때도 있고, 몇 시간이 필요할 수도 있죠. (물론 몇 시간 동안 다른 일을 하며 쉬었지만 막히는 부분이 여전히 풀리지 않아 신경이 계속 날카롭다면, 한숨 푹 자는 게 최고예요.) 쉴 때는 공부하던 내용에서 완전히 신경을 꺼야 해요. 좋은 전략이니까 포기하지 말고 계속 시도하세요.

이처럼 집중 모드와 분산 모드를 번갈아 작동시키는 전략을 쓰면 지리나 수학, 화학, 심리학, 농구, 기타 연주 등 잘하고 싶은 과목이나 취미를 제대로 공부할 수 있어요.

다양한 분산 모드 활동

분산 모드를 작동시키는 활동에는 다음과 같은 것들이 있어요.

• 축구나 농구 같은 스포츠

- 조깅이나 산책, 수영
- 춤
- 드라이브 혹은 버스 타기
- 자전거 타기
- 그림 그리기
- 샤워 혹은 목욕하기
- 음악 듣기(특히 가사 없는 음악)
- 잘 아는 곡을 악기로 연주하기
- 명상을 하거나 기도하기
- 잠자기(분산 모드를 작동시키는 최고의 활동!)

단, 다음의 분산 모드 활동은 아주 잠깐만 하는 게 좋아요. 앞의 활동들보다 몰입이 더 잘되지만, 시간을 정해놓고 하지 않으면 너무 많은 시간을 빼앗기거든요.

- 게임
- 친구들과 수다 떨기
- 간단한 집안일
- 책 읽기
- 친구들과 메시지 주고받기
- 영화 보러 가기(시간이 있을 때만!)
- 텔레비전 보기

어떻게 공부할지 막막한 너에게

─────── ∘ **요점 정리** ∘ ───────

- 뇌는 집중 모드와 분산 모드, 두 가지 모드로 작동해요. 두 모드를 번갈아 작동시켜야 학습 효과를 높일 수 있어요.

- **뇌를 집중 모드로 바꿀 때는 집중을 해야 해요.** 핀볼 기계의 플리퍼를 계속 작동시켜야 해요! 플리퍼를 놓아 버리면 구슬이 분산 모드 테이블로 저절로 굴러떨어져요. 반면 분산 모드는 자거나 목욕을 하거나 버스를 타거나 산책을 하기만 해도 쉽게 작동시킬 수 있어요.

- 공부를 할 때 어려운 문제를 만나면 막힐 수 있어요. 그럴 때는 망누스가 체스를 둘 때처럼 해 보세요. 자리에서 일어나 주변을 어슬렁거리며 **뇌를 분산 모드로 만드세요.** 단, 꼭 제자리로 돌아와야 해요. 안 그러면 문제에 패배하게 되니까요!

- **분산 모드를 공부에 활용하려면 먼저 공부를 하세요!** 기본 개념 공부를 하지도 않고 곧바로 문제 푸는 단계로 넘어가면, 아무리 분산 모드를 활용하려고 해도 소용이 하나도 없죠. 열심히 공부함으로써 이리저리 생각 구슬을 굴려, 집중 모드 테이블에 구슬 길부터 만드세요.

1. 집중 모드가 작동한다는 건 무슨 뜻일까요?
2. 분산 모드는 무엇일까요? 자신이 제일 좋아하는 분산 모드 활동을 골라 보세요.
3. 핀볼 게임 기계의 작동 방식은 뇌의 작동 방식과 어떤 점이 비슷할까요?
4. 집중 모드와 분산 모드를 핀볼 게임 말고 또 무엇에 비유할 수 있을까요?
5. 수학이나 과학 문제를 풀 때 막히는 이유 두 가지는 무엇일까요?
6. 이번 장을 읽고, 바꾸고 싶다고 생각한 공부 습관이 있나요?

정답 확인: 268쪽

토마토를 이용해
미루는 습관 고치기

3장을 읽을 때 CHECKLIST

☐ **흐름 파악하기** | 중요한 텍스트만 먼저 훑어보고 오세요!

☐ **공책과 펜 준비** | 적으면서 읽어 나가세요!

☐ **문제 풀기** | 다 읽은 후, 꼭 풀어 보기!

1800년대의 살인범들은 비소라는 화학 물질을 독약으로 즐겨 썼어요. 비소를 먹은 사람은 먹은 지 하루도 안 돼서 죽었어요. 그것도 아주 고통스럽게.

1875년, 두 남자가 많은 사람이 보는 앞에서 비소를 먹었어요. 사람들은 당연히 그들이 죽을 거라고 생각했죠. 하지만 놀랍게도 두 남자는 다음 날 멀쩡하게 살아 돌아왔어요. 어떻게 그런 일이 가능했을까요? 치명적인 독약이 왜 그 둘에게는 해를 끼치지 않았을까요? 참으로 불가사의한 일이었죠.

이 이야기가 어떻게 끝나는지는 조금 이따 알려 줄게요. 살짝 귀띔

하자면, 행복한 결말은 아니에요.

왜 공부는 미루고 싶은 걸까?

자, 이번 장의 주제는 '미루기'예요. **미루기는 어떤 일을 할 시간을 뒤로 늦추는 행동이에요.** 많은 학생들(물론 어른들 포함)이 겪는 문제이자 공부에 방해가 되는 습관이죠. 미루기는 누구나 하는 자연스러운 행동이에요. 하기 싫은 일을 열심히 하고 싶은 사람이 어디 있겠어요? 게다가 그 일이 어렵다는 걸 알면 더더욱 하기 싫을 거예요. '시험은 금요일인데 왜 월요일부터 공부를 해야 하지? 어차피 시험 치는 날이 되면 공부한 내용을 다 잊어버릴 텐데'라고 생각하면서 말이에요.

하지만 미루기는 심각한 문제예요. 이미 알고 있을 가능성이 높지만, 새로운 개념을 뇌에 더 잘 새기려면 시간을 들여 연습을 해야 해요. 그런데 미루면 시간이 모자라요. 시간이 부족하면 체계적으로 공부할 수 없을 뿐만 아니라 괜한 걱정을 하는 데 에너지를 낭비하게 돼요. 어느 쪽으로도 득이 되지 않는 행동이에요. 이처럼 미루기는 효과적인 공부의 적이지만, 많은 학생이 미루곤 해요.

물론 미루기가 심각한 문제라는 건 많은 학생들이 인정하죠. 그런데도 꼭 공부를 시작하기 전에 이렇게 생각하곤 해요. '우선 게임부터 좀 하고 숙제를 해 볼까?' 하지만 일단 게임을 시작하면 저도 모르는 사이에 시간이 훌쩍 지나가 버려요. 그리고 게임하느라 공부는 막판에 몰아서 하고, 성적은…… 말할 필요도 없겠죠.

왜 공부는 하기 싫고 계속 미루게 될까요? 이것도 뇌과학적으로 설명이 가능해요.

엄마나 아빠가 청소나 악기 연습, 숙제를 시키면 끙 하는 신음 소리가 나온 적이 있을 거예요. 책을 펼치거나 청소하는 장면을 떠올릴 때 뇌가 실제로 고통을 느끼기 때문이죠. 과학자들은 하기 싫은 일을 떠올리면 섬 피질insular cortex이 활성화한다는 사실을 밝혀냈어요. 섬 피질은 고통을 느끼는 뇌 부위예요. 뇌의 '고통 센터'라고나 할까요. 그러니까 우리의 뇌에게 방 청소는 복통과 비슷한 느낌인 거예요.

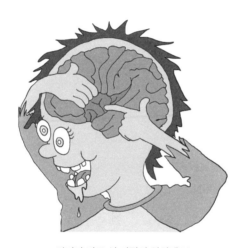

· 여기가 바로 섬 피질의 위치예요! ·

그런데 여기서 흥미로운 사실이 있어요. 하기 싫은 일을 일단 시작하면, 20분쯤 뒤에 고통이 사라진다는 거예요. 미루던 일을 시작하면 활성화했던 섬 피질이 안정되는데, 그 일을 시작했다는 사실에 드디어 만족감을 느끼기 때문이에요.

여기까지 읽었다면 미루는 습관을 고치는 법이 뭔지 어느 정도 짐작이 가죠? **미루기를 고치는 가장 강력하고 효과적인 방법은 '일단 시작하기'예요.** 할 일을 나중으로 미루지 않는 거죠.

이렇게 말하면 많은 학생들이 다음과 같은 반응을 보여요. "일단 시작하라고요? 몸에 깊이 밴 습관이 그렇게 마음만 먹는다고 고쳐지나요? 교수님, 너무 쉽게 말씀하시는 거 아니에요?"

맞아요. 습관을 고치는 건 쉬운 일이 아니죠. 하지만 토마토를 이용하면, 미루는 습관을 고칠 수 있어요!

25분간 집중하는 포모도로 공부법

비소와 달리 토마토가 몸에 좋은 건 다들 알고 있을 거예요. 토마토에는 건강에 좋은 영양소가 가득 들어 있어요. 심지어 플라스틱으로 만든 토마토도 우리에게 유익해요. 공부를 더 잘할 수 있게 도와주거든요. 플라스틱으로 된 토마토가 공부를 잘하게 해 준다니, 웬 뚱딴지 같은 소리냐고요? 플라스틱 토마토를 먹으라는 얘기는 아니니까 걱정 말아요.

1980년대에 프란체스코 치릴로Francesco Cirillo라는 사람이 미루는 습관을 고칠 방법을 생각해 냈어요. 일명 '포모도로 공부법'이에요. 포모도로pomodoro는 '토마토'를 뜻하는 이탈리아어인데요, 치릴로가 다음 사진처럼 생긴 토마토 모양의 타이머를 이용해 공부시간을 관리한 데서 '포모도로 공부법'이라는 이름이 붙었어요. 이 기법은 간단하지만 효과가 좋아요. 테리와 내가 산증인이에요! 우리의 '학습법 배우기' 강좌를 수강하는 학생들에게 가장 인기 있는 기법이죠.

· 포모도로 타이머 ·

우선 타이머를 준비하세요. 토마토 모양이면 좋지만 아니어도 괜찮아요. 스마트폰이나 패드에 포모도로 애플리케이션을 깔아 쓰는 사람도 많아요. (앱스토어 등에서 '포모도로'로 검색하세요!)

포모도로를 하는 법은 다음과 같아요.

1. **집중에 방해가 되는 건 뭐든 다 차단하세요.** 스마트폰, 텔레비전, 음악, 형제자매 등 집중에 방해가 되는 건 그게 무엇이든 다 차단해야 해요. 장소는 방해를 받을 일이 없는 조용한 곳이어야겠죠? 여유가 된다면 소음 차단용 이어폰을 사는 것도 고려해 보세요. 더 저렴하지만 효과는 비슷한 방한용 귀마개나 소음 차단용 귀마개를 사도 되고요.

2. 타이머를 25분으로 설정해요. 어리다면(10~12살 정도) 10분이나 15분도 좋아요.

어떻게 공부할지 막막한 너에게

3. 이제 최대한 집중해서 공부하세요. 25분은 그렇게 긴 시간이 아니에요. 누구나 할 수 있어요!

4. 마지막은 제일 신나는 순서예요. **25분이 지나면, 열심히 한 자신에게 보상하세요.** 댄스 동영상을 보거나 제일 좋아하는 곡을 들으며 춤을 추는 거예요. 키우는 개를 껴안고 놀거나, 친구들과 5~10분 정도 수다를 떨어도 좋아요. 보상은 포모도로 기법에서 가장 중요해요. 보상을 기대할 때 뇌는 여러분이 집중을 더 잘하게 도와주니까요.

• 포모도로로 집중한 당신, 쉬어라! •

보상하는 단계를 포함한 이 모든 과정을 앞으로 '포모도로를 한다' 라고 표현할 거예요. 이 책에서 자주 나올 개념이니 외워 두세요.

포모도로, 어떻게 해야 효과적일까?

포모도로를 할 때 주의해야 할 점들을 알려 줄게요.

우선 정해진 시간 내에 해야 할 공부를 끝내는 데 신경 쓰지 마세요. '이번 포모도로 때 지금 하고 있는 숙제를 다 끝내야 해!'라는 식으로 생각하지 말라는 뜻이에요. 물론 능력이 된다면 숙제를 시간 내에 끝낼 수도 있겠죠. 하지만 끝내지 못하더라도 걱정할 필요가 없어요. 25분 동안 최선을 다해 공부하는 데 집중하세요. 그러다 타이머가 울리면 잠시 쉬세요. 원하는 보상을 누리며 분산 모드로 전환하세요. 나중에 포모도로를 더 해야 한다 해도 상관없어요. 지금 하는 공부에 집중하기만 해도 충분해요. 한 포모도로 동안 얼마나 많은 양을 공부했는지는 중요하지 않아요. 언젠가는 끝낼 테니까요. 단, 그러려면 시간을 충분히 확보해 둬야겠죠? 그러니 마지막까지 미루고 미루다가 포모도로를 시작하면 안 돼요.

또한 포모도로를 할 때 딴생각이 나는 건 지극히 정상이에요. 딴생각을 하고 있다는 걸 알아차린 순간, 바로 다시 공부에 집중하세요. 25분만 버티면 돼요. 누구나 25분 정도는 집중해서 공부할 수 있어요. 하고 싶은 다른 과제나 확인하고 싶은 웹사이트가 떠오르면 나는 잊어버리지 않도록 종이에 적어 둔 다음 계속 포모도로를 해요.

포모도로를 방해할 모든 요소는 철저하게 차단하세요. 남동생이 방해를 하면 "지금 포모도로를 하고 있어."라고 말하세요. 포모도로가 끝날 때까지 방해하지 말라고 부탁하는 거죠. 포모도로를 하기 전에 배가 고프면 미리 간식을 먹도록 하세요.

어떻게 공부할지 막막한 너에게

앞에서 소음을 다 차단하라고 했지만, 어떤 사람들은 똑딱거리는 소리가 나는 포모도로 타이머를 써요. 보상 시간이 점점 가까워지고 있다는 걸 알려 주기도 하지만, 이 소리 덕분에 집중력을 유지할 수 있다고 해요. 한번 써 보고 자신에게 맞는지 시험해 보는 것도 좋아요.

포모도로를 하는 동안에는 한 가지 과제만 하는 게 좋아요. 물론 타이머가 울리기 전에 집중했던 과제가 끝나면 바로 이어서 다른 과제를 시작해도 되지만, 그런 경우가 아니라면 여러 개의 과제를 동시에 하는 건 비효율적이에요. 여러 과목을 동시에 혹은 번갈아 가며 공부할 수 있다고 생각하는 사람들도 있어요. 소위 '멀티태스킹'이라고들 하죠. 하지만 뇌과학자들에 따르면 이는 잘못된 생각이에요. 인간의 뇌는 한 번에 한 가지 일에만 집중할 수 있거든요. 주의를 기울일 대상을 자꾸 바꾸면 그때마다 정신적 에너지가 소모되어 학습 효율이 떨어져요. 2장에서 봤던 핀볼 기계를 다시 떠올려 봅시다. 구슬이 하나가 아니라 두 개라면? 미친 듯이 플리퍼를 움직여도 구슬 두 개를 감당하기 힘들어요. 결국 두 개 다 분산 모드 테이블로 떨어질 거예요.

타이머가 울린 뒤에도 공부를 계속 하고 싶으면 멈추지 않는 것도 좋아요. 지금 공부하는 내용에 완전히 몰입해 흐름을 타는 건 좋은 현상이니까요. 대신 다 하고 나면 꼭 자신에게 보상을 하세요.

쉬는 시간에는 뭘 하면 좋을까요? 어떤 걸 하든, 집중해서 하던 일과 전혀 다른 걸 하는 게 좋아요. 나는 글을 쓰다가 쉴 때 제일 좋아하는 노래를 들어요. 아니면 일어나서 차를 한 잔 마시며 창밖을 내다보죠. 쉬는 시간에는 글을 쓰지 않아요. 그래야 '글쓰기'를 담당하는 뇌 부위가 쉴 테니까요. 집중력을 발휘한 뇌 부위를 쉬게 해 주는 거예요. 여러분도 그렇게 하세요. 예를 들어 공부할 때 계속 앉아 있었다면 쉬는 시간에는 몸을 움직이는 거예요.

포모도로는 하루에 몇 번 하면 좋을까요? 사람마다 달라요. 기본적으로 의욕이 넘치고 가끔씩만 자극이 필요한 사람이라면 하루에 한두 번만 해도 돼요. 그 이상의 자극이 필요하다면 더 해야겠죠. 자신에게 맞는 포모도로의 시간과 횟수를 알기 위해 하루에 포모도로를 몇 번 했는지 꾸준히 기록하는 사람들도 있어요. 이런 사람들을 위해 하루 동안 포모도로를 한 횟수를 기록해 주는 애플리케이션들도 나왔죠. 마음에 드는 애플리케이션을 찾아 보세요. 가장 인기 있는 건 포레스트 Forest(앱스토어 및 플레이스토어 등에서 다운로드 가능하다. -옮긴이)라는 애플리케이션이에요.

포모도로 타이머는 쉴 때도 도움이 된다!

- 쉬는 시간도 알람을 설정해 미루기를 방지할 수 있어요. 타이머의 시간을 5분이나 10분, 또는 자신에게 적당한 시간으로 설정하고 그 시간 동안만 쉬는 거예요. 쉬는 시간이 끝나자마자 바로 다시 공부하는 게 익숙하지 않을 수 있어요. 쉬는 시간이 끝날 때마다 아주 또렷하고 시끄러운 알람이 울리게 설정해 보세요.
- 아무리 애써도 할 일을 자꾸 미루게 될 때가 있을 거예요. 그럴 때는 '10분 뒤에 하자'라고 마음먹은 다음, 할 일을 목록으로 만들거나 이미 만들어 놓은 목록을 읽으세요. 그러면 분산 모드가 작동해 뇌가 할 일과 할 일을 끝낼 방법을 무의식중에 생각할 테니까요. 그리고 10분이 지나 알람이 울리면, 일을 시작하세요!

어떻게 공부할지 막막한 너에게

습관은 좀비와 같아서

이제 앞으로 여러분의 머릿속에 사는 좀비가 공부를 도와줄 거예요. 머릿속에 진짜 좀비가 산다는 뜻은 아니니까 걱정 마세요. 이건 일종의 상상이에요. 여러분의 머릿속에서 작은 좀비들이 움직이고 있다고 상상해 보는 거죠.

좀비 하면 뭐가 떠오르나요? 그다지 좋은 이미지는 아니죠? 좀비는 누군가에게 조종당하는 괴물이에요. 영화나 드라마를 보면 나쁜 마법사들이 시체를 좀비로 만든 다음 그것들을 자기 마음대로 움직여 아주 나쁜 일을 꾸미죠.

왜 좀비를 이야기했을까요? **왜냐하면 습관이 좀비와 같기 때문이에요.** 좀비는 아무런 이유도 대지 않고, 무의식적으로, 자동적으로 설정된 목표를 향해 움직여요(영화에서는 보통 뇌를 파먹는 게 목표죠). 목표 외에는 전혀 관심이 없고 절대 목표를 포기하지도 않아요.

· 딴짓하는 나쁜 좀비 ·

· 집중하는 좋은 좀비 ·

누구나 좀비 모드가 작동할 때가 있어요. 물론 진짜 좀비처럼 남의 뇌를 파먹는다는 게 아니라, 전에 수도 없이 해 왔던 일을 자동적으로 한다는 뜻이에요. 여러분이 좀비 모드일 때 하는 습관적인 행동은 무엇인가요? 텔레비전 앞에 있는 제일 좋아하는 의자에 털썩 앉아 몸을 맡기기? 진동이 울리자마자 스마트폰 집어 들기? 어떤 행동을 할 때 생각이나 고민을 전혀 하지 않는 상태, 그게 바로 여러분의 좀비 모드예요.

좀비에는 좋은 좀비, 중간 좀비, 나쁜 좀비가 있어요. 나쁜 좀비도 그렇게 나쁜 건 아니고요, 그냥 가끔 도움이 안 될 뿐이에요.

착한 좀비는 아무런 고민을 하지 않고 공부에만 집중하는 좀비에요. 공부 시간에 착한 좀비의 도움으로 공부에 집중하고 있다고 해 봅시다. 하지만 착한 좀비의 힘이 충분히 강하지 않으면 도중에 나타나는 나쁜 좀비들을 무찌를 수 없어요. 즉, 공부에 몰입할 수 없어요. 예를 들어 공부하는 도중에 '문자 하면서 공부하는' 나쁜 좀비가 종종 출몰하곤 해요. 이 좀비를 무찌르려면 착한 좀비의 힘을 키워야 해요. 그러려면 여러 훈련이 필요하죠. 예를 들어 '스마트폰을 하면서 공부하는 나쁜 좀비'를 물리치려면 스마트폰을 끄거나, 무음으로 하거나, 아예 옆방으로 치워 버리는 착한 좀비를 훈련시켜야 해요.

방해 요인을 차단하는 방법 중 하나를 알려 줄게요.

우선 공책에 다음과 같은 표를 그리세요. 왼쪽에는 '나쁜 좀비'(혹은 방해 요인)라고 적고, 오른쪽에는 '착한 좀비'(혹은 해결책)라고 적어요. '나쁜 좀비' 칸에는 공부에 방해가 되는 나쁜 습관들을 적어 보세요. 그런 다음 '착한 좀비' 칸에 나쁜 좀비를 퇴치할 수 있는, 새로 들여야 할 좋은 습관을 적어 보세요. 어린 친구들은 어른의 도움을 받아서 적어 보

어떻게 공부할지 막막한 너에게

세요. 이 작업은 10분 정도 걸릴 수 있어요.

나쁜 좀비	착한 좀비
자꾸 스마트폰을 쳐다보게 된다	포모도로를 할 때는 스마트폰을 주방 식탁에 둔다
시끄러운 음악을 들으며 공부한다	클래식을 듣거나, 아예 귀마개를 한다

미루기에 중독되지 않는 법

비소를 먹은 두 남자의 이야기, 기억나나요? 그들은 왜 비소를 먹고도 바로 죽지 않았을까요? 이들의 이야기와 미루는 습관이 무슨 상관이 있을까요?

그 두 사람이 죽지 않을 수 있었던 비결은 비소를 매일 조금씩 먹었다는 데 있어요. 비소에 익숙해지도록 몸을 단련한 거예요. 비소에 대한 면역력을 조금씩 키워 가며, 그들은 당장 몸이 아프지 않다는 이유로 자신들이 멀쩡할 거라고 생각했어요.

하지만 그들은 자기도 모르게 점점 비소에 중독되고 있었어요.

비소를 조금 먹는다고 지금 당장 죽지는 않아요. 하지만 시간이 지날수록 건강이 심각하게 나빠지죠. 암에 걸리거나 몸속의 장기가 손상돼요. 그러니 비소는 물론이고 몸에 좋지 않은 독약은 절대 먹지 말아요!

미루는 습관이 바로 독약과 같아요. 공부를 조금 미루거나 SNS를 몇 분 더 접속한다고 당장 큰일이 나는 건 아니에요. 하지만 **미루기가 습관이 되면 효과적으로 공부하기가 점점 어려워져요.** 마치 비소에 중독된 것처럼, 미루기에 중독이 되어 버려요. 겨우 마음을 다잡고 공부를 시작한다 해도 시간이 모자라죠. 시간이 모자라면 스트레스를 받을 뿐 아니라 과제를 제때에 끝내지 못하고 내용을 제대로 이해하지도 못해요. 그러다 보면 다른 사람들보다 크게 뒤처져 공부를 잘하지 못하는 학생이 되죠.

명심하세요. 짧은 시간 동안 집중하는 포모도로를 습관으로 만들

어떻게 공부할지 막막한 너에게

면, 여러분을 위해 열심히 일하는 착한 좀비의 수를 엄청나게 늘릴 수 있어요. 그러니 공부에 포모도로를 적극적으로 활용해 보세요!

'적극적 회상'으로 독해 능력 키우기

앞으로 이 책을 읽는 데 필요한, 중요한 공부법 한 가지를 소개합니다. 바로 '적극적 회상'이라는 기법이에요. 적극적 회상은 어떤 개념을 머릿속에 다시 떠올리는 행위예요. 연구에 따르면, 공부한 핵심 개념을 적극적으로 회상하면 그 개념을 더 잘 이해할 수 있다고 해요.[1] 이미 눈치챈 독자도 있겠지만, 이번 장에서 미루는 습관을 고치는 법을 배운 이유는 적극적 회상과 같은 중요한 공부법을 수행할 시간을 더 많이 확보하기 위해서예요.

이제 적극적 회상을 하는 방법을 알려 줄게요.

STEP 1. 흐름 파악하기

새로운 장을 읽기 전에 흐름 파악하기를 하세요.

STEP 2. 주의 깊게 읽기(적으면서 읽기)

흐름 파악하기를 마쳤다면, 본문을 읽으세요. 절대 서두르지 마세요. 이해가 되지 않거나, 주의가 산만해져서 제대로 이해하지 못한 단락은 다시 읽으세요. 읽으면서 주의가 산만해지는 건 지극히 자연스러운 현상이고 주의가 산만해진다고 똑똑하지 않은 건 아니니, 마음을 다잡으면서 읽어 내려가세요. 책의 여백이나 공책에 중요하다고 생각되는 개념이나 그와 관련된 단어를 적으며 읽으세요. 필요하면 핵심 단어 한두 개에 밑줄을 쳐도 돼요. 여기까지는 1장에서 알려 줬던 내용과 같죠?

STEP 3. 적극적 회상하기

지금부터가 중요해요. **책에서 눈을 떼고 방금 읽은 내용을 떠올려 보세요. 핵심 개념이 무엇이었는지 마음속의 시계를 거꾸로 돌려 보세요. 떠올린 개념과 내**

용을 입 밖으로 소리 내어 말해도 돼요. 이때 같은 페이지를 몇 번이고 계속 읽지 마세요. 핵심은 떠올리는 것이니까요. 그런 의미에서 너무 많은 부분에 밑줄을 긋거나 형광펜 표시를 하지도 마세요.

적극적 회상의 핵심은 읽고 또 읽는 대신 머릿속에 입력된 주요 개념을 끄집어내는 거예요. 중요한 페이지 몇 장에 대해서만 적극적 회상을 해도 깜짝 놀랄 만한 효과를 거둘 거예요.

연구에 따르면 공부할 때 적극적 회상을 한 학생은 시험 성적이 훨씬 높게 나왔어요. 시험처럼 스트레스를 받는 상황에서도 실력을 발휘했죠.[2] 또한 적극적 회상은 단순히 정보를 더 잘 기억하게 해 줄 뿐 아니라 이해력을 높여 준다는 연구 결과도 있어요.[3]

적극적 회상은 암기할 대상이 무엇이든 유용한 도구로 쓸 수 있어요. 이 책을 예로 들어 볼게요. 지금 책을 덮고 지금까지 읽은 내용 중 핵심 개념을 최선을 다해 떠올려 보세요. 그런 다음 다시 책을 펼치고 실제 내용과 떠올린 내용을 비교해 보세요!

시간과 장소를 달리해서 적극적 회상을 하면 더 큰 효과를 볼 수 있어요. 친구를 기다리거나 버스를 타고 가거나 잠들기 전에, 배운 내용을 떠올려 보는 거예요. 이렇게 하는 데는 두 가지 중요한 이유가 있어요. 첫째, 공책이나 책이 없어 훔쳐볼 수가 없으니 기억에만 의존해 회상을 할 수 있죠. 둘째, 평소의 공부 환경과 다른 곳에서 회상을 하면 학습에 도움이 돼요. 나중에 더 자세히 살펴보겠지만, 평소에 공부하던 곳과 다른 곳에서 공부하면 정보를 더 확실히 머리에 새길 수 있거든요.

적극적 회상과 관련해 중국의 명문대 칭화 대학교 졸업생의 말을 인용할게요.
"나는 중학교에 다닐 때 점심시간마다 할머니네 집에 걸어가 밥을 먹었다. 걸으면서, 재미있게 본 영화를 다시 보듯 수업 시간에 배운 핵심 개념을 머릿속에 떠올렸다. 이 방법은 내가 공부를 잘하는 데 큰 도움이 되었다."

◦ 요점 정리 ◦

- 누구나 습관이 있어요. 습관은 내면의 좀비이자 무의식적으로 하는 행동이에요.
- **좀비는 도움이 될 수도 있고, 해가 될 수도 있어요.** 시간을 크게 절약해 주는 착한 좀비도 있죠. 하지만 사람들이 흔히 갖고 있는 '미루는 습관'은 도움이 안 돼요. 미루면 효과적인 학습을 할 수 없어요. 공부에 집중하거나 공부한 내용에 푹 빠질 시간이 모자라기 때문이에요.
- 다행히 습관은 고칠 수도 있고, 새로 들일 수도 있어요. **포모도로 기법은 공부에 집중하게 만들어 주는 훌륭한 방법이에요.** 집중에 방해가 되는 요소를 모두 차단하고 타이머의 시간을 25분으로 설정하기만 하면 끝! 공부를 하다가 타이머가 울리면 잠시 쉬면서 열심히 한 자신에게 보상을 해요. 하고 싶은 분산 모드 활동을 하는 거죠. 이 기법을 습관으로 만들어야 해요.
- **할 일을 미루면 뇌가 고통을 느끼지만, 일단 시작하면 고통이 사라져요.**
- **적극적 회상은 아주 효과적인 학습법이에요.** 공부한 핵심 개념을 스스로 머릿속에서 끄집어내려고 애쓰면 저절로 복습이 돼요. 교과서나 필기한 내용을 수동적으로 보기만 해서는 안 돼요. 그렇게만 해도 내용이 머릿속에 들어간 느낌이 들겠지만 그건 착각에 불과해요.

1. 미루기란 무엇인가요?

2. 미루기는 왜 공부에 방해가 될까요?

3. 하기 싫은 일을 떠올리면 뇌에 어떤 일이 생길까요?

4. 포모도로 기법을 모르는 사람에게 포모도로를 설명해야 한다면 어떻게 설명해야 할까요?

5. 포모도로 기법에서 가장 중요한 부분은 무엇인가요?

6. 포모도로를 할 때, 쉬는 시간에는 무엇을 해야 할까요?

7. 포모도로를 한 번 하는 동안 반드시 주어진 과제를 끝내야 할까요? 끝내야 한다면/혹은 끝내지 않아도 된다면 그 이유는 무엇인가요?

8. 좀비 모드가 작동하면 무엇이 좋을까요?

9. 좀비 모드는 미루기와 어떤 관련이 있나요?

10. 비소를 먹은 사람과 미루기는 어떤 관련이 있나요?

11. 적극적 회상은 무엇인가요?

정답 확인: 269쪽

뇌 연결 고리 사슬을
키워라!

4장을 읽을 때 CHECKLIST

☐ **흐름 파악하기** | 중요한 텍스트만 먼저 훑어보고 오세요!
☐ **공책과 펜 준비** | 적으면서 읽어 나가세요!
☐ **문제 풀기** | 다 읽은 후, 꼭 풀어 보기!

열한 살 소년, 산티아고는 곤경에 빠졌어요. 아주 심각한 상황이었어요. 교도소에 가게 생겼거든요.

뭐, 그리 놀라운 일은 아니었어요. 산티아고는 전부터 아버지와 툭하면 다퉜고 선생님들의 말도 듣지 않았거든요. 퇴학을 당한 것도 한두 번이 아니었고요. 그러다 엄청난 사고를 쳤죠. 직접 만든 대포로 이웃집 대문에 구멍을 내 버리고 만 거예요!

산티아고는 학교를 정말 싫어했어요. 기억력이 워낙 나빠서 수업을 따라가기가 너무 힘들었거든요. 그의 기억력은 막연히 본인이 생각하기에 나쁜 정도가 아니라 '진짜로' 나빴어요. 바꿔 말하면, 기억력이

어떻게 공부할지 막막한 너에게

보통 사람들의 평균보다 낮았다는 뜻이에요. 산티아고가 자신의 자서전에 직접 쓴 내용이니 믿어도 돼요.

공부를 못하는 산티아고가 가장 싫어한 과목은 수학이었죠. 대체 왜 수학을 배워야 하는지 이해를 하지 못했어요. 그림을 그리는 건 좋아했지만 안타깝게도 산티아고의 아버지는 미술이 쓸모없는 과목이라고 생각했어요.

열한 살 산티아고에게 희망이라곤 없어 보였어요. 그랬던 산티아고가 나중에 어떻게 됐을까요? 노벨상을 탔어요. 올림픽으로 치면 금메달을 딴 거죠!

이쯤에서 산티아고를 정식으로 소개할게요. 산티아고 라몬 이 카할Santiago Ramón y Cajal은 뇌과학의 아버지라 불리는 병리학자이자 신경조직학자예요. 역사상 가장 위대한 과학자 중 한 명으로 꼽히지요.[1] 특히 그는 신경계와 뇌의 조직 구조를 세밀히 관찰하고 이를 정밀하게 그려서 남겼는데(당시에는 현미경용 카메라가 없어서 현미경으로 관찰한 것을 사진으로 남길 수가 없었거든요.), 이 자료들은 오늘날에도 뇌과학 교재와 논문 등에 인용되고 있어요. 단순히 그림을 잘 그려서 위대한 과학자로 불리는 건 아니겠죠? 뛰어난 수학 및 과학 실력이 있었기에 가능했어요.

평균 이하의 기억력을 가진 소년이 어떻게 노벨상을 수상할 정도로 뛰어난 과학자가 됐는지 이해하려면, 우선 사람의 뇌가 작동하는 원리부터 알아야 해요. 그걸 알면 산티아고의 획기적인 발견을 이해하고, 뇌의 학습 방식을 알 수 있어요!

친절한 외계인: 뉴런은 어떻게 서로에게 '말'을 걸까?

먼저 뇌에 대한 간단한 개념부터 짚고 넘어갈게요.

여러분의 뇌에는 뉴런neuron이 많아요. 뉴런은 뇌를 구성하는 기본 요소인데요, 무려 수십억 개에 달하죠. 아마 은하계의 별만큼 많을 겁니다. 그리고 아주, 아주 가늘어요. 어느 정도냐면, 뉴런 열 개를 합쳐도 사람의 머리카락 한 올 두께밖에 되지 않아요. 하지만 길이를 따지면 이야기가 달라지죠. 뉴런 하나가 사람의 팔보다 길어질 수 있거든요.

뉴런을 작은 외계인이라고 생각하면 이해하기 쉬워요. 맞아요. 지금 머릿속에 외계인의 이미지를 떠올려 보세요. 떠올렸나요? 그렇다면 이제 다음 그림을 보세요.

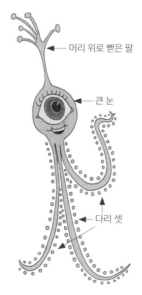

← 머리 위로 뻗은 팔

← 큰 눈

← 다리 셋

• 뉴런 외계인 •

뉴런 외계인의 큰 눈이 보이나요? 이 눈의 실제 이름은 '세포핵 nucleus'이에요. 모든 세포에는 세포핵이 있고, 뉴런도 세포니까 세포핵이 있어요. 그리고 팔 하나가 머리 위쪽으로 뻗어 있고, 다리 세 개가 아래쪽으로 뻗어 있군요. 눈과 팔은 하나고 다리는 세 개라니, 정말 특이하기 짝이 없는 생명체입니다. (실제 뉴런의 다리는 세 개보다 훨씬 많아요! 그림이 너무 복잡해지니까 세 개만 그린 거예요. 실제 뉴런의 다리는 모양과 크기가 다양해서, 우리 몸을 구성하는 그 어떤 세포보다도 종류가 많아요.)

이 외계인이 어떻게 생겼는지 조금 알 것 같다면, 다음 그림도 볼까요? 실제 뉴런과 비슷하게 그린 그림이에요.

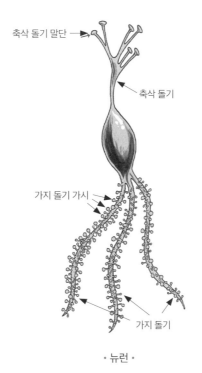

축삭 돌기 말단

축삭 돌기

가지 돌기 가시

가지 돌기

· 뉴런 ·

뉴런 외계인 다리의 정식 명칭은 '가지 돌기^{dendrite}'예요. 머리 위로 뻗은 팔은 '축삭 돌기^{axon}'라고 하죠. 뉴런의 팔, 축삭 돌기의 끝에 달린 손가락은 '축삭 돌기 말단^{bouton/axon terminal}'이라고 불러요. 한편 뉴런의 다리, 그러니까 가지 돌기에 달린 울퉁불퉁한 가시가 보이나요? 이건 '가지 돌기 가시^{dendritic spine}'라고 불러요. 뉴런 외계인의 다리 곳곳에 발가락이 빼곡하게 달렸다고 상상해 보세요. 이상하죠? 외계인이라 이상하게 생긴 거예요. 가지 돌기 가시는 작지만 중요한 역할을 해요. 이 책을 읽다 보면 뜻밖의 순간에 이 가시들을 다시 보게 될 거예요.

뉴런이 뉴런에게 전해 주는 것

그렇다면 뉴런의 핵심, 즉 뉴런이 하는 일은 무엇일까요?

뉴런은 다른 뉴런으로 신호를 보내요.

한 뉴런이 옆에 있는 뉴런에 신호를 보낼 때, 그 뉴런의 축삭 돌기 말단(손가락)이 옆 뉴런의 가지 돌기 가시(발가락)에 가까이 다가가요.

다음 쪽의 그림을 보세요. 왼쪽 뉴런 외계인이 오른쪽 뉴런 외계인에게 말을 걸고 있어요. 팔을 뻗어서 옆에 있는 외계인의 발가락에 가까이 다가갔는데, 아주 작은 전기 충격을 주고 있네요. 정말 희한하게도 뉴런 외계인은 미세한 전기 충격을 일으켜 상대에게 말을 걸어요.

뉴런의 축삭 돌기를 따라 파동이 일어나면 그 파동이 옆에 있는 뉴런의 가지 돌기 가시에 전달되면서 전기 충격을 일으켜요.

건조한 날, 누군가와 손을 잡으려다가 혹은 어떤 물건을 만지려다

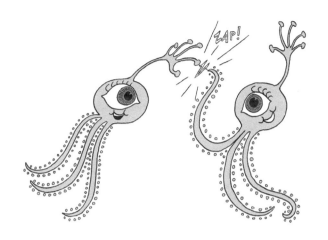

가 정전기가 일어나면 약간 찌릿하죠? 그거랑 비슷해요. 뉴런이 다른 뉴런에 일으키는 스파크, 즉 전기 충격이 아주 좁은 틈을 통과하는데요, 이 틈을 '시냅스synapse'라고 해요.

시냅스에서 발생한 전기 신호는 뉴런을 타고 흘러요. 이 신호는 축삭 돌기의 축삭 돌기 말단까지 흐르고, 바로 옆에 있는 뉴런의 가지 돌기 가시에 다시 스파크를 일으키죠. 그 옆에 있는 뉴런에도, 그 옆의 옆에 있는 뉴런에도. 물론 이 현상을 제대로 알려면 어떤 손가락에서 어떤 발가락으로 신호가 전달되는지, 몇 개의 스파크가 튀는지 등등을 다 따져야겠지만…… 결국 핵심은 간단해요. 한 뉴런이 손가락을 다른 뉴런의 발가락에 갖다 대고, 발가락에 전기 충격을 받은 뉴런은 또 다시 옆에 있는 뉴런에게 자기 손가락을 갖다 대요. 이렇게 **뉴런에서 뉴런으로 전달되는 이 신호가 바로 여러분의 생각이에요!** 이 신호는 여러분의 머릿속에 '길'을 만들죠.

뉴런이 신호를 어떤 식으로 전달하는지 이제 알겠죠? 물론 많은 것이 생략되긴 했지만, 이 정도만 알아도 기본적인 개념은 이해했다고 할 수 있어요.

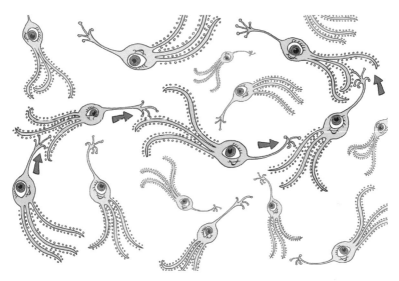

• 뉴런에서 뉴런으로 전달되는 신호가 바로 사람의 '생각'이에요! •

뉴런의 신비

이런 발견을 한 사람이 바로 산티아고예요. 그는 1800년대 사람이에요. 그가 교수로 활동할 당시 과학자들은 뇌를 구성하는 뉴런이 각각 독립적으로 존재한다는 사실을 몰랐어요. 대신 모든 뉴런이 연결되어 거미줄처럼 촘촘한 그물을 이루고 있을 거라고 생각했죠. 이처럼 뉴런이 하나의 네트워크를 이루고 있다는 이론을 '신경그물설'이라고

어떻게 공부할지 막막한 너에게

해요. 뭐, 다들 그렇게 생각할 법도 했어요. 왜냐하면 뇌의 각 부위 간에 전기 신호가 너무 잘 흘렀거든요. 뉴런이 서로 붙어 있지 않고 떨어져 있다면 전기 신호가 그렇게 쉽게 흐를 리가 없다고 생각한 거죠.

당시 과학자들은 뇌 속에서 실제로 무슨 일이 일어나고 있는지 확인할 길이 없었어요. 그 당시 발명된 가장 좋은 현미경조차도 뉴런과 뉴런 사이의 틈을 제대로 보여주기에는 역부족이었어요. 그래서 신경 그물설이 타당한 학설 같았죠.

하지만 산티아고는 뉴런이 서로 어떻게 연결되어 있는지 연구를 진행한 끝에, 뉴런과 뉴런 사이에 특별한 틈이 있다는 결론을 내렸어요. 단지 그 틈이 너무 좁아서 제대로 보이지 않을 뿐! 산티아고는 뉴런들이 작은 틈 너머로 서로에게 신호를 보낸다고 주장했죠. 물론 지금 사람들은 산티아고의 주장이 옳다는 걸 알아요. 성능이 뛰어난 신식 장비들 덕분에 시냅스를 볼 수 있게 됐거든요. (물론 대뇌 피질이 초기 성장 단계에 있는 어린아이의 뇌에서는 뉴런끼리 직접 연결되어 전기 신호를 전달하는 모습도 간혹 관찰할 수 있어요. 하지만 어른이 되면 대부분 사라지고 뉴런과 뉴런 사이에 시냅스가 생기죠.)

머릿속에 뇌 연결 고리 사슬이 있다고?

자, 중요한 이야기는 지금부터예요. 앞서 이야기했듯이 뉴런 외계인은 친구들에게 말을 걸 때 옆에 있는 뉴런 외계인에게 전기 충격을 주는데, 정말 놀랍게도 전기 충격을 더 자주 줄수록 외계인들 사이의 연결 고리가 더 튼튼해져요! 대화를 많이 나눌수록 우정이 더 돈독해지듯 말이죠. 이를 두고 과학자들은 '함께 반응한 뉴런은 함께 연결된다'라는 표현을 즐겨 써요.[3] '함께 연결된다'라는 건 **뇌 연결 고리 사슬**이 생긴다는 뜻이에요.[4]

무언가를 새로 배우면 뇌에 새로운 뇌 연결 고리 사슬이 생겨요. 처음에는 뇌 연결 고리 사슬이 매우 약해요. 우선 이 연결 고리에 연결된 뉴런의 개수 자체가 적어요. 연결되어 있는 뉴런들끼리도 그다지 강하게 연결되어 있지 않아서, 뉴런 사이 시냅스의 수가 적어요. 시냅스에서 튀는 전기 신호도 그렇게 강하지 않죠.

하지만 새로 배운 개념을 연습하고 또 연습하면 어떻게 될까요? 더 많은 뉴런이 연결돼요.[5] 또한 시냅스를 통해 전달되는 전기 신호도 강해져요! 뉴런과 뉴런 사이의 시냅스가 더 단단해진다는 뜻이죠. **뉴런이 더 많이 연결되고, 시냅스의 수도 늘고, 시냅스에 흐르는 신호도 커지면, 뇌 연결 고리 사슬이 튼튼해져요!**[6] 길어진 뇌 연결 고리 사슬에는 더 복잡한 개념을 저장할 수 있어요.

거꾸로 배우다가 그만두면, 다시 말해 뉴런끼리 연결되지 않으면 반대의 상황이 벌어져요. 대화가 뜸해져 서먹해진 두 친구 사이처럼

• 공부하고 연습하면, 시냅스가 커져요! •

어떻게 공부할지 막막한 너에게

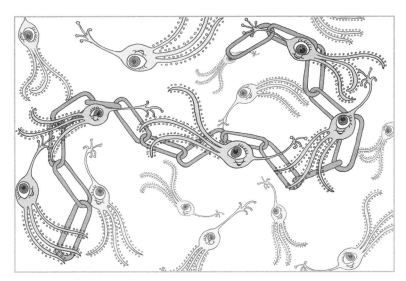

• 무언가를 처음 배울 때는 연결 고리가 약해요! •

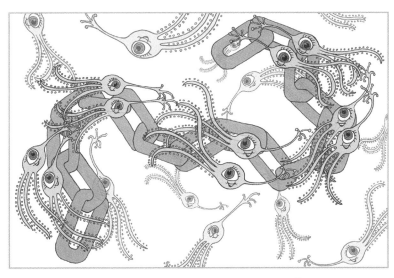

• 열심히 배우면, 뇌 연결 고리 사슬이 강력해져요![7] •

• 생각의 쥐가 열심히 길을 넓히고 있어요! •

연결 고리가 약해지지요.

　뇌 연결 고리 사슬을 쥐가 다니는 숲길에 비유하기도 해요. (쥐는 2장에서 살펴본 핀볼 기계 비유에서 '구슬'에 해당해요.) 쥐가 숲길을 자주 다닐수록 길이 넓어지고, 길이 넓어지면 더 잘 보이기 때문에 다니기가 쉬워

　　　　　　　　　　　　어떻게 공부할지 막막한 너에게

져요. 즉 공부를 잘하게 돼요. (이 비유에서 '분산 모드'는 어떻게 설명할 수 있을까요? 간단해요. 분산 모드일 때 쥐는 길을 따라 움직이지 않아요. 작은 드론에 올라타 위로 올라가 모든 길을 관망하죠!)

더 크고 넓은 뇌 연결 고리 사슬을 만드느라 뉴런을 다 써 버리면 어쩌나 하는 걱정은 안 해도 돼요. 뉴런은 수십억 개에 달하고, 뇌는 계속 새로운 뉴런을 만들어 내요. 뉴런과 뉴런이 연결되는 경우의 수는 그보다 더 많겠죠?

이렇게 **생각이 다니는 길을 만들고 키우는 뇌의 능력을 신경가소성이라고 해요**. 어려워 보이는 단어지만, 뜻을 알고 보면 쉬워요. 말하자면 뉴런이 점토 같아서, 뉴런을 점토처럼 주물러 바꿀 수 있다는 뜻이죠. 공부를 못하다가 잘할 수 있고, 기술을 익힐 때 처음과 달리 아주 능숙해질 수 있는 건 바로 뉴런에 신경가소성이 있기 때문이에요!

머릿속 '생각의 길'을 활용해 쉽게 공부하자!

이 책도 그렇고, 많은 선생님들이 비유법을 써서 가르치고 설명하는 걸 좋아해요. 비유(혹은 직유나 유추)는 어떤 현상이나 사물을 다른 비슷한 현상이나 사물에 빗대어 설명하는 방식입니다. 예를 들어 이미 알고 있는 개념인 '파도'와, 잘 이해가 가지 않는 개념인 '전파' 사이에서 비슷한 점을 발견하고 서로 비교하고 연결시키는 거죠.

창의적인 비유를 들면 새로운 개념을 더 쉽게 배우거나 중요한 생각을 더 쉽게 설명할 수 있어요. 각 나라마다 비유를 이용해 삶의 지혜를 설명하는 속담이 있죠. 한편 위대한 작가들도 비유를 즐겨 써요. 세익스피어는 세상을 무대에, 인간을 그 무대의 배우에 비유함으로써 사람과 세상의 이치를 이야기하고자 했죠.

왜 비유법을 사용하면 새로운 개념이 더 쉽게 이해될까요? 이미 훤하게 깔려 있는 머릿속 길을 사용하기 때문이에요. **비유법에 사용된 익숙한 개념을 떠올리면 뇌 속에 이미 깔린 뇌 연결 고리 사슬(쥐의 길)이 활발해져요.** 새로 길을 까는 것보다, 있는 길을 이용하는 게 더 편리하겠죠? 이미 뇌에 형성되어 있는 뇌 연결 고리 사슬을 이용하면 복잡한 '진짜' 개념을 더 쉽게 이해할 수 있죠. 이는 '신경 재사용 이론neural reuse theory'이라는 학설과 관련이 있어요.[8] 뇌가 새로운 개념을 더 잘 배울 수 있도록 이미 배운 개념을 다시 사용하곤 한다는 뜻입니다.

공부할 때 비유를 적극적으로 사용하면 훨씬 효과적으로 공부할 수 있어요. 예를 들어 전자를 솜털이 달린 작은 공에 비유하면 전자의 개념을 쉽게 이해할 수 있어요. 혹시 전자가 움직여 전류를 만들어 내는 현상이 도저히 이해가 되지 않는다면, 물 분자들이 움직여 물의 흐름을 만들어 내는 현상에 비유함으로써 해결할 수 있죠. 역사를 배울 때는 '물줄기' 비유가 유용할 수 있어요. 서로 다른 곳에서 흘러온 수많은 작은 물줄기들이 모여 거대한 강을 이루듯, 서로 다른 여러 사건들과 요인들이 한데 모여 프랑스 혁명이나 자동차 엔진의 개발과 같은 역사적 사건에 영향을 미쳤다고 설명할 수 있어요.

꼭 개념을 이해하기 위해서만 비유를 써야 하는 건 아니에요. 예를 들어 수학 방정식을 풀 때, 미지수 x를 구멍에서 쏙 나오는 토끼에 비유하면 방정식을 푸는 게 딱딱하거나 어렵지 않게 느껴져요.

어떻게 공부할지 막막한 너에게

비유 120퍼센트 활용하기

비유를 통해 뇌의 길을 이용할 때 유용한 몇 가지 팁을 알려 줄게요.

우선, 효력을 잃은 비유는 과감히 버리세요. 어느 단계에 이르면 비유가 효력을 잃기도 해요. 예를 들어 앞에서 시냅스를 설명하기 위해 외계인이 서로에게 전기 충격을 주는 비유를 사용했는데, 사실 이건 처음 시냅스 개념을 접한 사람들을 이해시키는 데까지는 효과적이지만 실제로 시냅스에서 일어나는 일을 제대로 비유하지는 못합니다. 그럴 땐 비유를 버리고, 개념을 더 깊이 이해하게 도울 새로운 비유를 찾아 보세요.

하나의 개념에 여러 개의 비유를 들어도 돼요. 이 책에서 뉴런이 연결된 모양을 뇌 연결 고리 사슬과 쥐가 다니는 숲길에 동시에 비유한 게 그 예입니다.

본인이 떠올린 비유가 이상해 보여도 걱정하지 마세요. 비유가 이상하고 엉뚱할수록 새로운 개념이 더 친숙하게 느껴질 테니까요. 게다가 우스꽝스러운 비유는 외우기도 쉽죠!

마지막으로, 비유는 하나의 도구일 뿐이라는 걸 잊지 마세요. 이 책에는 좀비, 연결 고리, 쥐, 문어 등 많은 비유가 나와요. 여러분의 뇌에 이미 깔린 길을 최대한 활용하기 위함이죠. 다만 어느 순간부터는 비유 말고 진짜 개념을 익혀야 합니다. 비유는 일정한 지점까지 가도록 도와주는 역할을 할 뿐입니다. 꼭 기억하세요.

비유 이해하기

준비물: 공책 / 펜

다음의 비유를 살펴보세요.

➡ **지혜는 재산이다.**

➡ **온 세상은 무대다.**

무슨 뜻인지 생각해 보고, 두 비유의 뜻을 알기 쉽게 설명해 보세요. 가급적 말로 하지 말고 공책에 적어 보세요.

Hint 지혜는 돈보다 더 중요하고요, 인생은 저마다 다른 역할을 맡아 연기하는 연극과 같죠.

뇌과학자, 뇌의 신경가소성을 키우다

산티아고는 어떻게 그렇게 위대한 과학자가 되었을까요?

결코 쉽지는 않았어요.

산티아고의 아버지는 사고뭉치 아들에게 다른 접근법이 필요하다는 걸 깨달았어요. 그야말로 다양한 방법을 동원했죠. 여러 가지 공부 방법을 알려 주는 한편, 아들이 의학에 관심을 갖게 하려고 사람의 몸이 진짜로 어떻게 생겼는지 보여 주기도 했죠. 어떻게 했냐고요? 부자가 함께 시신을 찾으려고 밤에 남몰래 묘지를 뒤졌어요. (물론 19세기의 이야기예요. 그때는 괜찮았을지 몰라도 지금 그러면 잡혀가요!)

원래 의학에 흥미가 없었고 미술에 소질이 있었지만, 산티아고는 아버지의 인도에 따라 시신을 관찰한 뒤 몸의 각 부위를 그리기 시작했어

어떻게 공부할지 막막한 너에게

요. 배운 내용을 직접 보고 만지고 그리다 보니 의학에 흥미가 생겼고 의사가 되기로 결심했지요. 의사가 되려면 어릴 때 하지 못한 수학과 과학 공부를 다시 시작해야 했죠. 이번에는 집중했어요. 정말 열심히 공부해서, 어릴 때 깔리지 않았던 뇌의 길을 다시 제대로 깔았어요.

결국 산티아고는 의사가 되는 데 성공했어요! 그는 모든 종류의 세포에 관심이 많았어요. 그래서 병리학 교수가 되기로 했죠. 병리학자는 건강한 체조직과 병든 체조직을 구별하는 일을 전문으로 하는 사람이에요. 그 일을 하려면 몸의 조직을 현미경으로 정밀하게 관찰하는 세밀한 작업을 해야 해요. 어쨌든 병리학 교수가 되려면 중요한 시험을 통과해야 했어요. 산티아고는 1년 동안 열심히 공부했고, 시험에 떨어졌어요. 다시 1년을 열심히 공부했지만 또 떨어졌어요. 그리고 세 번째 시도 만에 드디어 시험에 합격했지요.

지금까지 산티아고의 이야기를 잘 따라왔으면 알겠지만, 그는 천재가 아니었고 본인도 그걸 알았어요. 항상 자신이 더 똑똑하지 못하

· #산티아고 #세계최초의셀카 #연구실 #오른손으로버튼누름 ·

다는 사실을 아쉬워했다고 해요. 미술을 더 좋아하는 소년이었던 그는 교수가 되어서도 말을 더듬었고, 사소한 내용은 잊어버리기 일쑤였다고 해요. 하지만 스스로 의사가 되기 위해 공부하고, 또 뉴런을 연구하면서 그는 누구나 뇌를 훈련할 수 있다는 사실을 깨달았어요. 특히 수학과 과학 공부에 노력을 기울인 끝에 그는 점점 두 과목을 잘하게 됐죠. 느리지만 꾸준히 연습함으로써 뇌에 새로운 연결 고리를 만들고 키울 수 있었던 거예요. 다시 말해 뇌의 구조가 달라졌죠. 그렇게 그는 사고뭉치 소년에서 저명한 과학자로 거듭났어요!

산티아고가 경험하고 발견한 것들을 잘 봤나요? **똑똑하지 않은 사람도 한탄만 하고 있을 필요가 전혀 없어요. 누구나 자신의 뇌를 훈련시키면 더 똑똑해질 수 있어요. 이 책을 읽으며 공부법을 배우는 여러분, 일단 공부를 시작할 마음이 있다면 노력을 거듭하세요.** 이게 가장 중요한 교훈이에요. 누구나 공부를 잘할 수 있고, 효율적으로 할 수 있어요. **절대 포기하지 말고 이 책을 계속 읽어 나가세요.**

적극적 회상하기

책을 덮고, 공책에 이번 4장의 중심 내용을 생각나는 대로 다 적으세요. 적극적으로 필기를 하면 뉴런이 더 잘 연결돼 배운 내용을 더 쉽게 기억할 수 있어요. 처음 하는 적극적 회상이니만큼 기억나는 게 많지는 않을 거예요. 그래도 괜찮아요. 연습하면 돼요. 유명한 교수들조차 방금 읽은 내용을 떠올리지 못할 때가 많아요!

☐ 완료 후 체크

네 가지 핑계: 이래서 공부를 못 하겠다고?[9]

많은 학생들이 그 어떤 좋다는 공부법도 자신에게는 효과가 없다며 핑계를 대곤 해요. 다음은 가장 흔한 핑계들과, 그 핑계들을 극복하는 방법이에요.

공부할 시간이 없다?

배운 내용을 내 것으로 만들려면 머릿속에서 뉴런이 연결되어야 해요. 뉴런을 연결하려면 시간을 내서 문제를 풀거나 배운 내용을 천천히 주의 깊게 읽어야 하죠. 책의 내용을 대충 훑어보기만 해서는 뇌에 길이 만들어지지 않아요. **제대로 공부해야 해요.** 따라서 포모도로를 할 때는 필요하면 다시 읽어서라도 제대로 집중해야 해요. 공부는 시간을 들여서 하는 일입니다. 그리고 무엇보다도, 집중을 하면 소중한 시간을 아낄 수 있겠죠.

창의력이 부족하다?

새로 배운 내용을 더 잘 외우도록 비유를 만들고 우스꽝스러운 그림을 그리는 게 어렵게 느껴질 수도 있어요. 다른 친구들이나 어른들처럼 창의력이 뛰어나지 않은 자신이 원망스러울지도 몰라요. 절대 그렇지 않아요! 창의력은 어릴수록 더 높아요. 게다가 창의력은 쓸수록 커져요. 공부할 때 마음껏 창의력을 발휘해 보세요.

공부할 내용이 쓸모없게 느껴진다?

팔굽혀펴기나 턱걸이, 윗몸 일으키기가 일상생활에서 실제로 필요한 운동은 아니죠. 안 한다고 죽지는 않으니까요. 그렇다고 이런 운동이 쓸모없지는 않아요. 몸을 건강하게 만들어 주니까요. 공부도 마찬가지예요. 공부한 내용이 일상적으로 하는 일과 상관없다 해도 새로운 개념을 배우면 정신이 건강하게 유지되죠. 그뿐 아니라 새로 배운 개념은 다른 분야를 배울 때 비유법을 활용해 응용할 수도 있어요.

선생님이 정말 재미없다?

선생님이 모든 지식을 떠먹여 주고 소화까지 시켜 주길 바라나요? 선생님의 역할은 사실과 개념을 알려 주는 데서 끝나요. 사실과 개념을 뇌에 새기는 건 여러분 각자의 몫이에요. 선생님이 이 일까지 다 해 주면 오히려 할 일이 없어져 심심할 거예요!

공부할 때 가장 중요한 사람은 바로 자기 자신이에요. 학습에 도움이 되는 자기만의 이야기를 만들어 보세요. 본인 스스로 책임감을 갖고 내용을 제대로 이해하려고 최선을 다하세요.

주요 신경과학 용어

뉴런 | 뇌를 구성하는 기본 요소로 아주 작은 세포예요. 사람의 생각은 뉴런에서 뉴런으로 전달되는 전기 신호로 만들어져요.

축삭 돌기 | 뉴런의 '팔'. 뉴런은 옆에 있는 뉴런에 축삭 돌기를 뻗쳐 뇌 연결 고리 사슬을 만들어요.

가지 돌기 | 뉴런의 '다리'. 가지 돌기에 달린 가지 돌기 가시가 다른 뉴런에서 신호를 받으면 그 신호는 가지 돌기를 거쳐 뉴런의 세포핵(뉴런의 '눈')으로 전달돼요.

가지 돌기 가시 | 가지 돌기(뉴런의 '다리')에 달린 '발가락'. 가지 돌기 가시는 시냅스 연결의 한쪽 끝을 담당해요.

시냅스 | 시냅스는 뉴런과 뉴런 사이에 있는 아주 좁고 특별한 틈이에요. 전기 신호(생각)는 특정 화학 물질의 도움을 받아 이 틈을 뛰어넘어요. '시냅스가 튼튼해졌다'라는 말은 이 틈을 뛰어넘는 신호의 효과가 더 강해졌다는 뜻이에요.

뇌 연결 고리 사슬 | 시냅스 사이에서 스파크가 자주 튀어 '한 팀'이 된 뉴런들을 가리켜요. 새로운 내용을 공부하면 생기지요.

신경가소성 | 뉴런의 길을 바꾸고 키우는 뇌의 능력이에요. 뉴런은 원하는 모양으로 빚을 수 있는 점토와 같아서, 누구나 공부를 통해 뇌를 바꿀 수 있어요!

분산 모드 | 쉬면서 이런저런 잡다한 생각에 빠질 때 뇌의 특정 부위가 활발해진 상태를 뜻하는 용어예요. (신경과학자들은 분산 모드를 '디폴트 모드 네트워크'나 '과제 음성 네트워크' 혹은 '뉴런 휴지기 활성화'라고 불러요.)

집중 모드 | 어떤 일에 세심한 주의를 기울일 때 뇌의 특정 부위가 작동하는 상태를 뜻하는 용어예요. 집중할 때 활발해지는 뇌 부위는 분산 모드일 때 활발해지는 뇌 부위와 대부분 달라요. (신경과학자들은 '과제 양성 네트워크 활성화'라는 어려운 용어를 쓰죠.)

◦ 요점 정리 ◦

- 뉴런은 뇌 전체에 흐르는 신호를 보내요. 이 신호가 바로 그 사람의 생각이에요.
- 외계인처럼 생긴 뉴런의 한쪽 끝은 **가지 돌기**(다리)라 부르고, 다른 한쪽 끝은 **축삭 돌기**(팔)라고 불러요.
- 가지 돌기 가시는 뉴런의 발가락과 같아요.
- 뉴런의 축삭 돌기는 다른 뉴런에 신호를 보내기 위해 옆에 있는 뉴런의 가지 돌기 가시에 전기 충격을 일으켜요.
- 시냅스는 축삭 돌기와 가지 돌기 가시가 닿을락 말락 하는 좁은 틈이에요. 축삭 돌기에서 가지 돌기 가시로 신호가 전해져요.
- **비유는 공부할 때 효과적인 도구예요.** 비유를 사용하면, 전에 만들어 놓은 뉴런의 길을 다시 사용할 수 있어서 새로운 개념을 더 쉽게 배울 수 있어요.
- 기존의 비유가 쓸모없어지면 이를 버리고 새로운 비유를 찾아야 해요.
- 시냅스가 튼튼해지고 뉴런이 더 많이 연결되면 뇌 연결 고리 사슬이 튼튼해져요.
- 무언가를 열심히 배우면 뇌 연결 고리 사슬이 튼튼해져요.
- 좋은 학습법도 자신에게는 효과가 없다며 핑계를 대는 경우가 많아요. **이 핑계들을 극복해야 해요.**
- 뉴런은 신경가소성이 있어요. **문제아들도 얼마든지 180도 변할 수 있다는** 뜻이에요. 현대 신경과학의 아버지인 산티아고 라몬 이 카할도 머리가 좋지 않은 학생이었음을 기억해요!

1. "뉴런이 다른 뉴런에 보내는 _____가 사람의 _____을 형성한다." 각각의 빈칸에 들어갈 말은 무엇인가요?

2. 공책에 이번 장에 나온 뉴런의 모양을 그린 뒤, 각 부위의 이름을 적으세요. 책에 나온 그림을 보지 말고 그리세요. 다 그리고 적은 후에도 답을 바로 보지 말고 적극적 회상을 하세요. 그래야 새로운 뇌 연결 고리 사슬이 더 잘 생기니까요.

3. 축삭 돌기가 가지 돌기 가시에 전기 충격을 주나요, 아니면 가지 돌기 가시가 축삭 돌기에 전기 충격을 주나요? 다시 말해, 신호는 어디에서 어디로 흐르나요?

4. 옛날에는 괜찮아 보였던 비유가 지금은 공부에 별 도움이 되지 않는 것 같으면 어떻게 해야 할까요?

5. 19세기 과학자들은 수많은 뉴런이 독립적으로 존재한다고 생각하지 않고, 뉴런이 모두 연결되어 있다고 생각했어요. 그 이유가 무엇인가요?

6. '뇌 연결 고리 사슬'은 무엇인가요?

7. '생각'은 숲속의 쥐와 어떤 점이 비슷한가요?

8. "새로운 내용을 공부하면 뇌에 새로운 _____이 생긴다." 빈칸에 들어갈 말은 무엇인가요? 참고로 올바른 답이 하나가 아니에요!

정답 확인: 270쪽

5장

교사가 다시
공부를 시작한 까닭

5장을 읽을 때 **CHECKLIST**

☐ **흐름 파악하기** | 중요한 텍스트만 먼저 훑어보고 오세요!
☐ **공책과 펜 준비** | 적으면서 읽어 나가세요!

안녕하세요! 반갑습니다. 내 이름은 앨입니다. 나는 바브와 테리가 이 책을 쉬운 말로 쓰도록 돕는 일을 했습니다. 교수님들은 종종 어려운 단어를 쓰기도 하고 문장을 한도 끝도 없이 길게 만들기도 하면서 읽는 사람이 따라가기 벅찬 글을 쓰곤 합니다. 그래서 내가 그렇게 쓰지 않게 감시하는 역할을 맡았죠.

나를 조금 더 자세히 소개할게요. 올해 마흔두 살로, 직업은 교사입니다. 영국의 한 학교에서 학생들을 가르치고 있어요. 학생들이 즐겁게 다니는 아주 멋진 학교예요. 담당 과목은 철학과 종교입니다.

그런데 나는 올여름에 열여섯 살짜리 학생들과 함께 초조한 마음으로 시험을 치렀습니다. 화학 시험이었고 어른은 나뿐이었습니다. 어떻게 된 일이냐면, 타임머신을 타고 26년 전으로 시간을 돌린 사연에 대하여…… 이상한 소리는 그만하고 진짜 이유를 말해 볼게요.

철학 교사가 과학을 공부한 사연

얼마 전까지만 해도 나는 화학에 대해 아는 게 하나도 없었습니다. 학창 시절 좋은 학교에 다니긴 했지만 과학을 싫어했기 때문입니다. 특히 화학은 배워야 할 내용이 너무 많아서 도저히 관심을 갖고 공부할 수 없었습니다. 결국 수강 신청을 했다가 취소하곤 했습니다. 내가 관심 있던 수업은 언어였습니다. 언어 관련 수업은 다 쉽고 재미있었죠. 우리 학교 커리큘럼은 어려운 과목을 포기할 수 있도록 짜여 있었고, 나는 화학을 포기했습니다.

'휴, 진짜 다행이다.'

그때는 이렇게 생각했습니다. 어려운 과목을 붙들고 씨름할 필요가 없었으니까요. 학교의 방침이 정말 마음에 들었죠.

하지만 그때 이후로 나는 아주 중요한 걸 배울 기회를 놓쳤다는 느낌을 자주 받곤 했습니다.

지금 나는 내가 맡은 과목을 가르치는 일 외에도 교수법을 개선하는 연구를 하고 있습니다. 교수법이란 가르치는 방법을 말합니다. 교사들은 수학, 제1차 세계대전, 공을 치는 법 등을 어떻게 하면 더 잘 가르칠 수 있을지 고민합니다. 또한 수업에 집중하지 않고 연필로 자꾸 친구를 찌르는 아이는 어떻게 가르쳐야 하는지도요.

교수법을 개선하려면 현재 교사들이 사용하는 교수법과 교실 상황 등을 알아야 하니, 나는 자주 시간을 내어 다른 교사들의 수업을 관찰했습니다. 여기서 문제가 생겼습니다. 내가 학창 시절에 포기했던 화학 수업도 들어야 했거든요.

나는 화학 수업에 참관할 때마다 조금 부끄러움을 느꼈습니다. 수업 내용이 영 이해가 되지 않았거든요. 화학 시간에 학생들은 내가 전혀 알아듣지 못하는 용어를 자주 썼습니다. 생전 처음 이름을 들어 보는 물질을 어떻게 섞어야 하는지도 저보다 더 잘 알았고요.

학생들이 나에게 모르는 걸 물어볼 때도 있었죠. 어쨌든 나도 선생님이고 '기초적인' 화학이니 답을 알 거라고 생각했나 봅니다. 내가 답을 모른다고 하면 학생들은 조금 충격을 받은 눈치였지만 내 대답은 달라질 수 없었죠. 하지만 생각해 보세요. 원자가 뭔지도 모르는 내가 어떻게 화학 선생님을 제대로 도울 수 있겠어요. 그때는 그냥 웃어넘기고 말았지만 세상에 관한 내 지식에 큰 구멍이 나 있는 것 같아 기분이 썩 좋지는 않았습니다.

그러다 2년 전쯤 바브를 만났습니다. 바브는 내가 가르치는 학생들에게 자신의 이야기, 즉 수포자가 공학 교수가 된 사연을 들려줬습니다. 바브도 나처럼 '언어를 잘하는 사람'이었지만 열정의 폭을 넓힐 수 있다는 사실을 깨닫고 달라졌죠. **바브는 자신이 좋아하고 쉽게 할 수 있는 일에만 안주하지 않았습니다. 그녀는 우리에게 모두가 자기처럼 뇌를 재설계할 수 있다는 사실을 알려 줬습니다.** 나는 과학 공부를 거의 하지 않은 탓에 그런 일이 가능하다는 걸 전혀 몰랐는데, 그녀의 이야기에 깊이 공감

했고 자극을 받았습니다.

그 뒤로 나는 고등학교 화학을 배우기로 결심했습니다. 그리고 바브와 테리의 방식대로 공부하기로 했습니다. 바브가 쓴 책인 《이과형 두뇌 활용법》을 읽었고 바브와 테리의 온라인 강좌인 '학습법 배우기'를 들었습니다. 그때 이 책에 나온 공부법을 배웠습니다.

나는 전교생에게 그해 여름에 졸업반 아이들과 함께 화학 시험을 볼 거라고 공식적으로 선언하고 도움을 요청했습니다. **평소에는 내가 학생들을 가르치지만, 이번에는 학생들이 나를 가르치게 되었죠.**

처음에 내 계획을 듣고 학생들은 고개를 갸우뚱했어요. 내 직업은 화학과 아무 관련이 없는데 왜 고생을 사서 하냐고 묻는 학생도 있었습니다.

내가 이 생고생을 시작한 이유는 크게 세 가지였습니다. 첫째, 나는 세상을 더 많이 알고 싶었습니다. 화학이라는 미지의 영역을 탐구하고 싶었죠. 둘째, 새로운 공부법을 학생들에게 알려 주고 싶었습니다. 내가 체험하고 효과를 보면 나뿐 아니라 학생들에게도 도움이 될 거라고 생각했습니다. 셋째, 학생의 입장에 서 보기 위해서였습니다. 때로 교사들은 학생처럼 공부한 지 너무 오래되어 학생들의 입장을 종종 잊곤 하니까요. 이 경험을 통해 더 나은 교사로 발전할 수 있으리라 생각했습니다.

그런 나를 많은 학생들이 응원했고 아주 잘 도와줬어요. 교내에서 걷다 마주치면 학생들이 나에게 "화학 공부는 잘되고 있어요, 선생님?"이라고 묻곤 했는데, 거기에서 자극을 받아 포모도로를 더 열심히 했어요. 학생들의 도움은 꽤나 구체적이었습니다. 웹사이트나 참고서를 추천해 주고, 내가 화학의 기초를 알고 있는지 테스트를 해 주기도 했습니다. 내가 화학 수업에 참여하는 날에는 같이 실험을 했는데, 그 과정에서 내가 간단한 내용조차 잘 몰라 헤맬 때도 참을성 있게 설명했습니다. 학생들은 나를 비웃을 수도 있었지만 그렇게 하지 않았습니다. 역시 학생도 훌륭한 선생님이 될 수 있습니다.

나무를 심기에 가장 좋은 때

나는 바브와 테리의 조언을 최대한 따랐습니다. 우선 **포모도로 전략**으로 공부했습니다. (3장에 나오는 내용이지요!) 포모도로로 집중 모드를 켜고, 쉬면서 분산 모드 켜기를 반복했습니다. 쉬는 시간에는 내가 키우는 개, 바이올렛을 산책시키는 걸 즐겼습니다. 테리는 공부할 때 운동이 도움이 되었다고 했는데 역시나였습니다. 어떤 때는 산책을 하면서 바이올렛에게 화학 개념을 설명했습니다. 남을 가르치는 건 훌륭한 공부법입니다. 가르치는 대상이 강아지라서 내 말을 전혀 알아듣지 못하더라도 말이에요!

핵심 개념은 **적극적 회상**을 사용해 공부했습니다. 적극적 회상은 3장에서 배워서 알고 있을 겁니다. 나도 교과서에서 새로운 내용을 읽고 나면 연습 문제를 풀어 내가 제대로 이해했는지 테스트했습니다. 교과서만으로 이해가 잘 안 되는 내용은 인터넷에서 동영상을 찾아봤습니다. 물론 강아지 동영상 같은 딴 길로 새지 않게 조심하면서 말입니다. 그래도 안 되면 학생들에게 물어봤습니다. 학생들은 보통 답을 알고

어떻게 공부할지 막막한 너에게

있었고 나를 가르치면서 본인들도 개념을 더욱 확실히 알게 됐습니다. 양쪽 모두에게 득이 되는 방법이었습니다.

인터리빙 방식도 잊지 않고 따랐습니다. 인터리빙은 배우고자 하는 기술의 다양한 측면을 살펴보고 그에 따른 여러 기법을 번갈아 연습하는 걸 말하는데, 자세한 내용은 12장에서 배울 겁니다. 궁금하면 잠깐 넘어갔다 와도 됩니다. 그 외에도 예습을 철저히 했고, 기출 문제도 열심히 풀었습니다.

어려운 물질을 외울 때는 머릿속으로 우스꽝스러운 이미지를 그리고 거기에서 단어를 연상했습니다. 예를 들면, 흰색 포르쉐 자동차가 녹아내려 엉엉 울고 있는 내 모습을 떠올리는 겁니다. 그러면 빙정석 cryolite이 알루미늄을 녹이는 촉매고, 색은 흰색이라는 걸 기억하기 쉬웠습니다. (스포츠카는 차체를 가볍게 만들기 위해 철을 줄이고 알루미늄을 많이 사용한다. 또한 cryolite와 cry-a-lot(많이 울다)의 발음이 비슷하다. ―옮긴이) 적어도 나에게는 효과적인 방법이었죠.

"나무를 심기에 가장 좋은 때는 20년 전이고, 그다음으로 좋은 때는 지금이다."라는 중국 속담이 있습니다. '20년 전에 했어야 하는데!'라며 한탄만 하지 말고 지금 당장 시작하라는 뜻이죠. 나도 '26년 전에 화학 공부를 했어야 하는데'라는 생각 같은 건 미뤄두고 정말 열심히 했습니다.

휴식 취하기

준비물: 공책 / 펜

앨은 포모도로가 끝날 때마다 휴식을 취하면서 분산 모드를 작동시키면 공부에 도움이 된다는 사실을 깨달았어요.

공책을 펴고, 분산 모드일 때 하면 좋은 활동을 목록으로 만들어 보세요. 2장 39쪽의 '다양한 분산 모드 활동'을 참고해도 좋아요. 본인이 가장 좋아하고 본인에게 효과적인 활동을 적으세요.

* 친구에게도 목록을 만들라고 한 뒤에 서로 비교해도 좋아요.

공부를 해야 공부하는 마음을 이해할 수 있다

학생들과 약속한 대로 1년 안에 이 모든 걸 다 하려면 희생을 치러야 했습니다. 학교 일이 많았기 때문에 방학과 주말을 이용해 화학을 공부했습니다. 가족들은 내가 미쳤다고 생각했습니다. 하지만 나는 무지에서 벗어나 머릿속에 지식을 채워 넣는 과정이 즐거웠습니다. 게다가 공부법이 효과가 있어 더 신이 났습니다. 실력이 점점 느는 게 느껴졌기 때문입니다.

하지만 막상 시험 날이 되니 자신감과 동시에 불안이 올라왔습니다. 물론 나는 지난 1년 동안 최선을 다해 공부했지만, 다른 학생들은 이 시험을 위해 5년을 공부했으니까요. 이 사실이 자꾸 떠오르니 공부할 시간이 부족했던 게 계속 아쉬웠고, 동시에 머릿속에 선명한 뇌 연결 고리 사슬이 생기지 않았을까 봐 걱정됐습니다.

시험은 공정했습니다. 어려운 문제가 몇 개 있긴 했지만 대부분 내 실력을 발휘할 수 있는 문제였습니다. 시험을 마치고 났을 때는 지난 1년이 헛되지 않았다는 생각이 들어 뿌듯함을 느꼈습니다. 하지만 나 역시 다른 학생들처럼 떨리는 마음으로 발표를 기다렸습니다.

시험 결과는 8주 뒤에 나왔습니다. 드디어 성적표가 담긴 봉투를 열었을 때 뛸 듯이 기뻤죠. 나는 좋은 점수로 시험을 통과했고, 학생들에게 당당하게 이 소식을 알렸습니다. 모두 나와 함께 기뻐했습니다.

이번 일을 계기로 나는 학생들과 공부를 주제로 많은 대화를 나눴고, 바브와 테리가 깨달은 바를 학생들에게 알려 줄 수 있었습니다. 그러면서 나도 학창 시절에 어려운 내용을 공부할 때 얼마나 힘들었는지 다시금 떠올렸습니다.

교사들은 가끔 아이들이 왜 수업을 따라오지 못하는지 이해가 안 된다고 불평합니다. **누구나 처음 배울 때는 모든 게 어렵게 느껴집니다.** 하지만 많은 어른들은 이를 쉽게 잊곤 하죠. 내가 공부하면서 제일 좋았던 순간은 학생들과 같은 경험을 하며 공감대가 생길 때였습니다. 이제 나는 화학뿐 아니라 아이들의 세상을 더 잘 이해하게 됐습니다. 그리고 서로 도우며 공부하면 더 좋은 결과를 얻을 수 있다는 소중한 교훈도 얻었고요.

다른 어른들도 나와 비슷한 경험을 하면 배울 점이 있을 거라고 생각합니다. 특히 아이들과 함께 일하거나 많은 시간을 보내는 어른들은 배울 점이 많을 거예요. 여러분도 선생님이나 엄마 아빠에게 새로운 걸 배워 보시라고 제안하는 건 어떨까요? 공부를 도와드리겠다고도 말씀드려 보세요. 그러면 그분들과 공부법을 주제로 의미 있는 대화를 나눌 수 있고, 그 과정에서 그분들도 여러분의 세상을 더 잘 이해하게 될 겁니다. 내가 그랬듯 말입니다.

적극적 회상하기

여기까지 잘 읽었나요? 자리에서 일어나 잠시 쉬어요. 물을 한 잔 마시거나, 간식을 먹거나, 여러분이 전자가 됐다고 생각하고 근처에 있는 탁자 주위를 빙빙 돌면서 몸을 움직이세요. 그렇게 몸을 움직이면서 이번 장의 중심 내용을 떠올리세요.

☐ 완료 후 체크

어떻게 공부할지 막막한 너에게

• 요점 정리 •

· 잘할 자신이 전혀 없는 과목도 얼마든지 다시 공부할 수 있어요. 심지어 어른이 되어서도 해낼 수 있어요!

· 새로운 과목을 공부하면 자신감이 생겨요.

· 포모도로와 적극적 회상과 같은 방법을 활용하고 연습하면 학습 효과가 높아져요.

· 교과서의 설명이 잘 이해되지 않으면 **인터넷을 검색해서 다른 설명을 찾아보세요.**

· **공부가 막힐 때는 다른 사람에게 도움을 청하세요.** 나보다 어린 학생이라도 좋아요.

· **처음부터 다시 공부하는 걸 두려워하지 마세요.** 나보다 나이가 어린 학생들과 공부해야 한다 해도 말이죠.

잠을 자면
더 똑똑해진다고?

6장을 읽을 때 CHECKLIST

- ☐ **흐름 파악하기** | 중요한 텍스트만 먼저 훑어보고 오세요!
- ☐ **공책과 펜 준비** | 적으면서 읽어 나가세요!
- ☐ **문제 풀기** | 다 읽은 후, 꼭 풀어 보기!

자, 다시 저 바브와 함께 계속 공부법을 공부해 봅시다.

뇌가 업그레이드된다면 정말 좋을 것 같지 않나요? 뇌 소프트웨어를 업데이트할 수 있다면 얼마나 좋을까요? 뇌 연결 고리 사슬도 튼튼해지고 말이에요.

놀라지 마세요. 여러분의 뇌는 매일 밤 업그레이드되고 있어요. 뉴런을 연구하는 과학자인 광 양Guang Yang과 그녀의 팀원들은 학습과 관련된 아주 중요한 발견을 했어요.

자는 동안 뇌에서 벌어지는 일

광은 4장에 나온 산티아고 라몬 이 카할처럼 새로운 사실을 발견하는 데 관심이 많은 과학자예요. 특히 사람이 무언가를 배우는 방식을 집중적으로 연구하고 있죠. 광은 새로운 내용을 배울 때 뉴런이 달라지는지 궁금했어요. **학습할 때 뉴런이 실제로 바뀐다면 학습을 더 잘하는 법에 대한 단서를 얻을 수 있기 때문이에요.**

광은 우리가 **무언가를 배운 후 잠을 자면 뉴런에 큰 변화가 일어난다는 사실을 발견했어요.** 뉴런이 실제로 바뀌는 거죠. 광과 그녀의 팀은 신기술을 사용해 살아 있는 뉴런을 사진으로 찍었는데, 다음 사진은 가지 돌기의 일부분을 찍은 거예요. 가지 돌기 끝에서 자라나는 가지 돌기 가시(발가락)들이 보이나요?

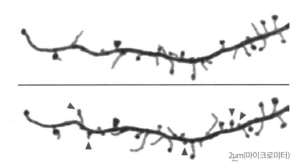

2µm(마이크로미터)

• 학습하기 전(위)과 학습 후 수면을 취한 경우(아래) •

이 사진은 학습하기 전과, 학습하고 잠을 자고 난 후의 뉴런의 상태를 비교해서 보여 주고 있어요. 아래쪽 사진의 작은 삼각형 표시들은 자는 동안 새로 자라난 가지 돌기 가시를 가리켜요.

낮 동안 제대로 집중해서 새로운 내용을 공부하면, 자극을 받은 가지 돌기에서 '혹'이 몇 개 새로 자라기 시작해요. 바로 이때 적극적 회상을 해서 새로운 혹이 더 잘 자라게 해야 하죠. 하지만 이것이 바로 가지 돌기 가시가 되지는 않아요. 밤에 잠이 들면 그 혹이 가지 돌기 가시가 돼요. **즉 새로 생긴 혹이 가시로 발전하는 건 바로 잠자는 시간이에요.**[1]

그렇게 새로 자라난 가지 돌기 가시는 다른 뉴런의 축삭 돌기와 시냅스를 형성해요. 우와! **자는 동안 뇌 연결 고리 사슬이 튼튼해지는 거예요! 게다가 뉴런이 다른 뉴런과 여러 개의 시냅스를 형성하면 뇌 연결 고리 사슬이 더 튼튼해져요.**

잠자는 동안 뇌는 낮에 배운 내용을 복습해요. 뇌 속을 들여다보면 전기 신호가 같은 뉴런 사슬을 몇 번이고 계속 통과하는 걸 볼 수 있어요. 우리가 자는 동안 뉴런 외계인들은 서로에게 전기 충격을 보내며 우정을 나누죠. 혹은 밤 동안 머릿속에서 작은 쥐가 똑같은 뉴런의 길을 계속 뛰어다닌다고 비유해도 돼요. 자는 동안 이루어지는 이 '야간 훈련'을 통해 가지 돌기 가시가 자라나요. 가지 돌기 가시가 두꺼워지면 시냅스는 더 튼튼해지고 강해져요. 다시 말해 더 강한 신호를 보낼 수 있다는 뜻이고, 이는 뇌 연결 고리 사슬이 좀 더 크고 튼튼해지는 것을 의미해요. 앞서 살펴보았듯, **시냅스가 더 많이 생기고 더 튼튼해질수록 뇌 연결 고리 사슬은 더 강력해져요.** 공부한 내용을 더 쉽게 떠올릴 수 있게 된다는 뜻이에요. 군데군데 움푹 파인 진흙투성이 골목길이 아니라 넓고 평평한 길을 따라 생각을 굴릴 수 있게 되죠.

참고로 지금 이 책을 읽는 순간에도 여러분의 뇌에서는 새로운 가지 돌기 가시가 자라나고 있어요. 여러분의 뇌는 실제로 달라지고 있

어떻게 공부할지 막막한 너에게

어요!

그런데 주의할 점이 있어요. 뇌에는 거짓말 탐지기 기능이 있어요. 가지 돌기 가시와 시냅스는 내용에 제대로 집중해서 공부할 때만 자라나요. 뇌를 절대 속일 수 없다는 뜻이에요. 여러분이 정말로 공부에만 집중했는지, 아니면 공부에 제대로 집중하지 않았거나 공부하는 도중에 게임을 했거나 친구에게 문자를 보냈는지를 뇌는 다 알아요.

더 충격적인 사실을 하나 알려 줄게요. **가지 돌기 가시와 시냅스는 계속 연습하지 않으면 금방 약해지고 사라져요.** 쓰지 않으면 없어져 버린다는 뜻이에요. '시냅스 청소부'가 돌아다니면서, 우리가 쓰지 않는 가지 돌기 가시를 없애 버린다고 생각하면 쉬워요.

시냅스가 사라진다는 사실 역시 최신 영상 기술을 사용해 밝혀낸

• "이건 쓰지도 않는데 자리만 차지하고 있잖아?" •

거예요. 99쪽 뉴런 사진을 유심히 봤다면, 위 사진에 있던 가시 몇 개가 아래 사진에서 없어졌다는 사실을 알아채고 '어라? 왜 사라졌지?' 하는 의문을 가졌을 거예요. 만약 눈치채지 못했다면 지금이라도 사진을 다시 보세요. 찾았나요?

수업 시간에는 이해했는데 며칠 있다가 복습할 때 꺼내 보면 전혀 이해가 되지 않을 때가 있었을 거예요. 그건 가지 돌기 가시의 특성 때문이에요. 이럴 때는 같은 내용을 다시 집중적으로 공부해야 해요. 또 가지 돌기 가시를 키워야 하니까요. **다행히도 어떤 내용을 배운 지 얼마 되지 않아 복습하면 그 내용을 더 오래 기억할 수 있어요.**

벼락치기가 소용없는 이유

더 많이 공부하고 복습하고 잠을 잘수록 가지 돌기 가시가 더 많이 생기고 시냅스가 더 많이 연결돼요. 뇌 연결 고리 사슬이 튼튼해질 뿐 아니라 더 많이 생겨요. 우와! 이렇게 효과적인 학습 체계가 또 있을까요?

잠을 자는 것이 중요한 이유는 자는 동안 뇌에서 새로운 시냅스가 만들어지기 때문이에요. 그렇다면 어떻게 공부하는 것이 효율적일까요? 바로 매일 일정 시간을 들여 어떤 내용을 공부하는 거예요. **왜냐하면 공부한 날수만큼 잠을 자는 시간도, 시냅스를 키우는 시간도 많아지니까요.** 자는 동안 뇌에서는 새로운 시냅스가 만들어지고, 그러면 새로 공부한 내용이 뇌에 자리를 잡아요.[2]

그렇다면 '벼락치기'가 왜 안 좋은지를 금방 알 수 있겠죠? 벼락치

어떻게 공부할지 막막한 너에게

기의 함정은 시냅스가 자랄 시간이 없다는 데 있어요. **해야 할 공부를 막판까지 미루면 반복할 시간도 부족하고 새로운 시냅스가 생기는 수면 시간도 줄어들어서, 세부적인 내용이 잘 기억나지 않게 돼요.** 게다가 새로운 개념을 다른 개념과 연결할 시간도 모자라죠.

이를 벽돌담을 쌓는 과정에 비유할 수 있어요. 벽돌담을 잘 쌓으려면 벽돌 사이에 바른 모르타르(회나 시멘트에 모래를 섞고 물로 갠 것으로, 주로 벽돌이나 석재를 쌓을 때 접착제로 쓰인다. -옮긴이)가 바짝 마를 시간이 필요해요. 그래야 벽돌담이 튼튼하게 세워져요. 하지만 모르타르가 충분히 마를 시간을 주지 않고 하루 만에 벼락치기로 벽돌을 쌓으면, 담은 엉망진창이 되고 말아요.

한편 '역 미루기'를 하는 학생도 있을 거예요. 예를 들어 금요일에 마감인 숙제를 월요일에 다 하고 치워 버리는 식이죠. 뭐, 역 미루기가

• 시간을 들이지 않으면 속절없이 무너져요! •

꼭 나쁜 건 아니고 당연히 그냥 벼락치기보다는 나아요. 적어도 할 일은 끝마친 거니까요. 하지만 시냅스 연결이 튼튼해질 기회를 주려면(그리고 시냅스가 사라지지 않게 하려면) 숙제를 제출하는 날까지 까맣게 잊어버리고 있기보다는 틈틈이 다시 살펴보면서 보충하는 게 좋아요.

특히 새로운 내용이나 어려운 내용을 공부할 때 '꾸준한 공부'가 너무나도 중요해요. 너무 늦지 않게, 그러니까 가지 돌기 가시와 시냅스가 사라지기 전에 복습해야 해요. 가지 돌기 가시와 시냅스가 약해지면 처음부터 다시 시작해야 하거든요. 그러니 공부한 내용을 확실히 복습해 내 것으로 만들어야 해요. 필기한 내용을 다시 살펴보고 친구에게 공부한 내용을 설명하고 플래시 카드를 만들어 계속 반복하세요. 머릿속에서 어떤 정보를 자꾸 끄집어내다 보면 나중에는 자연스럽게 떠오르게 되죠.[3] 하루에 몰아서 오랜 시간 공부하는 것보다 며칠 동안 매일 조금씩 공부하는 게 정보를 장기 기억에 더 효과적으로 저장하는 방법이에요.

기억이 잘 안 나도 바로 정답을 보지 말고, 적극적 회상 기법을 이용해 최대한 머릿속에서 끌어내려고 노력하세요. 회상은 기억력을 높이는 매우 효과적인 방법이에요. 답은 도저히 모르겠을 때만 확인하세요. 머릿속에서 정보를 적극적으로 '끌어내면' 가지 돌기 가시가 자극을 받아 새로 자라나요. **바로 답을 보는 건 도움이 안 돼요.**

예를 들어 월요일에 볼 단어 시험에 대비해 뇌의 각 부위를 가리키는 단어를 외워야 한다고 해 봅시다. 처음 공부를 시작한 토요일에는 새로운 단어들을 잘 모르겠죠. 하지만 단어를 회상하며 복습한 일요일과 월요일에는 뇌 연결 고리 사슬이 조금 튼튼해져요. 이렇게 사흘 연속으로 단어를 외워 새로운 단어가 머릿속에 자리 잡기 시작하면 하루 쯤 쉬어도 돼요. 하지만 새 단어와 관련된 뇌 연결 고리 사슬이 아직 완성된 건 아니죠. 그래서 화요일 밤이 되면 사슬이 조금 약해져요. 그러다 수요일에 단어를 복습하면 사슬이 다시 튼튼해져요. 금요일에 한 번 더 보면 새로운 단어가 뇌에 새긴 길이 완전히 선명해져요. 이쯤 되면 월요일에 볼 단어 시험에 확실히 대비할 수 있어요.

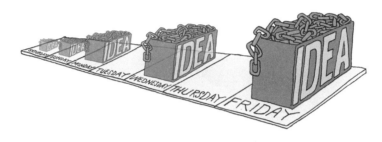

· 새로운 개념을 매일 공부하면, 뇌 연결 고리 사슬이 점점 두껍고 튼튼해져요! ·

반면에 월요일 아침, 시험을 보기 직전에 단어 공부를 몰아서 하면 어떨까요? 몇 시간을 집중적으로 외운다 해도 잠잘 시간이 없으니 새 단어와 관련된 시냅스가 생기지 않아요. 월요일 밤에 자야 뉴런이 연결될 텐데, 그건 안타깝게도 시험을 다 보고 난 뒤예요.

게다가 보통 벼락치기로 시험을 보고 나면 '이제 다 끝났다!'라는 마음에 더는 복습하지 않아요. 새로 배운 내용을 복습하지 않으면 시냅스가 더 강해지지 않아요. 그러면 우리의 시냅스 청소부가 등장해 새로 생긴 가지 돌기 가시를 모두 빨아들여 없애 버려요. 애써 만든 새로운 뇌 연결 고리 사슬이 사라지고 마는 거죠. 그리고 이 시험으로 끝이 아니라 분명히 또다시 그 내용이 다음 시험에 나올 일이 생기는데, 그럼 처음부터 또 공부해야 해요. 이런 비효율의 끝판왕이 어디 있을까요?

• 복습하지 않으면, 시냅스 청소부가 사슬을 없애버려요! •

매일 복습하기

어려운 내용을 공부할 때는 다음과 같은 방법을 사용해 보세요.
첫날 공부하고 그날 바로 공부한 내용을 몇 번 떠올려 보세요. 아마 기억이 잘 나지 않을 거예요. 그런데 하룻밤 자고 나서 전날에 공부한 개념을 떠올려 보세요. 전날보다 훨씬 잘 떠오를 거예요.
이렇게 공부한 개념을 다음 날 떠올리는 연습을 며칠간 매일 하고 나면, 새로운 개념이 처음보다 훨씬 잘 기억나고 필요할 때 금방 떠올릴 수 있게 돼요.

어떻게 공부할지 막막한 너에게

속도보다 중요한 건 기초

시간을 쪼개서 공부를 해야 한다니, 혹시 '나는 배우는 속도가 너무 느려서 이렇게 공부하다간 남들보다 뒤처지고 말 거야'라는 생각에 낙담하고 있나요? 이쯤에서 모두 명심해야 할 점이 있어요. **어떤 사람들은 새로운 개념을 익히려면 남보다 더 많이 연습하고 반복해야 해요. 그래도 괜찮아요!** 나, 바브도 남보다 훨씬 더 많이 연습하고 또 연습해요. 많이 연습하지 않으면 새로운 정보를 잘 외우지 못하거든요. 반면에 공동 저자인 테리는 새로운 개념을 남보다 훨씬 빨리 익혀요. 또 다른 공동 저자인 앨은 배우는 내용에 따라 빨리 익히기도 하고 느리게 익히기도 해요. 배우는 방식과 속도는 저마다 다르지만, 우리 셋 모두 학생들에게 도움이 되는 능력을 하나씩 갖추고 있어요. 그러니 친구들보다 배우는 속도가 느리다 해도 속상해 하지 말길 바라요. 속도만 느릴 뿐 친구들만큼 잘 배울 수 있고 어떨 때는 더 잘 배울 수도 있어요!

아마 진도를 따라가려면 공부해야 할 과목이 한두 개가 아닐 거예요. 그래도 할 수 있어요. **어떤 과목을 공부하든 그 시간 동안 제대로 집중하면 돼요.** 다른 해야 할 일은 다 잊으세요. 그다음 과목을 공부할 때는 그 과목에만 완전히 집중하고요. 내용이 전혀 다른 과목을 여러 개 공부하려니 쉽지 않을 테지만, 이렇게 여러 과목을 공부하면 뇌가 유연해지죠. 누구나 매일 여러 과목을 공부하면서 새로운 뇌 연결 고리 사슬을 만들고 그 사슬을 튼튼하게 만들 수 있어요. 여러분의 뇌에는 우주만큼 무한한 공간이 있어요. 새로운 사실과 개념을 아무리 많이 쏟아 넣는다 해도 그 공간을 채우는 건 불가능해요!

그런 의미에서 다음 장에서는 뇌에 살고 있는 **생각 문어**를 배울 거예요. 여러분이 어떠한 가능성을 가지고 있는지, 어떻게 해야 더 잘 기억할 수 있는지 함께 알아봅시다.

적극적 회상하기

가족이나 친구, 동급생에게 이 책에서 배운 가장 중요한 내용을 설명하세요. 새로 배운 개념을 누군가에게 가르치면 그 개념을 새로운 방식으로 생각할 수 있고, 뇌 연결 고리 사슬이 더 튼튼해져서 몇 주나 몇 달 뒤에도 그 내용을 더 잘 기억할 수 있어요. 공부 중인 내용이 복잡할 때는 이 방식이 특히 도움이 되죠. 상대방을 이해시키려고 내용을 단순하게 만들다 보면 그 내용을 더 잘 이해하게 되거든요.

이런 적극적 회상 기법을 똑똑하고 재미있는 물리학자인 리처드 파인먼Richard Feynman의 이름을 따 '파인먼 기법'이라고도 불러요. 스콧 영Scott Young의 동영상(https://youtu.be/FrNqSLPaZLc)을 참고해도 좋아요.

☐ 완료 후 체크

어떻게 공부할지 막막한 너에게

- 새로운 내용을 공부하면 가지 돌기 가시가 새로 생기고 시냅스가 새로 연결되기 시작해요. 하지만 **가지 돌기 가시와 시냅스가 제대로 발달하는 건 집중적으로 공부한 그날 밤 잠자는 시간이에요.**
- 잠은 학습의 벽을 단단하게 굳히는 모르타르의 역할을 해요.
- 가지 돌기 가시와 시냅스는 배운 내용을 계속 복습할 때 더욱 튼튼해져요. **뉴런의 길을 따라 어떤 생각을 자주 굴릴수록 그 생각은 뇌에 더 확실히 새겨져요.** 그렇게 뇌 연결 고리 사슬이 만들어져요.
- **벼락치기는 금물이에요.** 며칠 동안 매일 조금씩 공부해야 해요. 가지 돌기 가시와 시냅스가 자라는 수면 시간을 늘림으로써 배운 내용이 기억에 더 잘 남도록 하세요.
- **배우는 속도는 사람마다 달라요.** 남보다 배우는 속도가 느리다고 속상해할 필요 없어요. 인생이 그렇듯, 시간을 조금 더 투자하기만 하면 돼요. 게다가 나중에 다루겠지만, 배움이 '느린' 사람에게는 특별한 장점이 있어요.

∘ 배운 내용 확인하기 ∘

1. 왜 공부할 때 잠자는 게 중요할까요?

2. 왜 뇌가 거짓말 탐지기와 같다는 걸까요?

3. 새로운 개념을 복습할 때, 그 개념과 관련된 시냅스에는 어떤 일이 벌어질까요?

4. 왜 일정한 시간 간격을 두고 공부하면 좋을까요?

5. 이번 장에서 무엇을 '벽돌'에 비유했는지 혼자 소리 내어 말해 보거나 적어 보거나 친구에게 설명해 보세요.

6. 이번 장을 읽으면서 바꾸고 싶어진 공부 습관이 있다면 적어 보세요.

정답 확인: 270쪽

기억의 구조:
작업 기억과 장기 기억

7장을 읽을 때 **CHECKLIST**

☐ **흐름 파악하기** | 중요한 텍스트만 먼저 훑어보고 오세요!
☐ **공책과 펜 준비** | 적으면서 읽어 나가세요!
☐ **문제 풀기** | 다 읽은 후, 꼭 풀어 보기!

여러분의 책가방에 문어 한 마리가 살고 있다고 상상해 보세요. 그 문어가 학교 복도에 있는 사물함까지 팔을 쭉 뻗는 장면도 상상해 보세요. 아, 사물함이 복도가 아니라 교실 뒤편 혹은 다른 곳에 있다고요? 그럼 그렇게 상상하세요. 그런데 갑자기 웬 문어에 책가방에 사물함이냐고요? 조금 후에 알게 될 거예요. 우선 책가방과 사물함의 차이가 뭔지 생각해 봅시다.

책가방은 보통 사물함보다 훨씬 작아요. 당연하죠. 메고 다녀야 하니까요. 책가방은 작고, 메고 다닐 수 있고, 항상 내 옆에 있어요. 그런데 책가방은 단점이 있어요. 사물함보다 작으니 물건을 많이 넣어 다닐 수 없다는 사실이에요.

사물함은 보통 책가방보다 커요. 책가방보다 더 많은 물건을 담을 수 있죠. 문 안쪽에 사진을 붙일 수도 있고, 사물함이 충분히 크다면 벽까지 꾸밀 수 있죠. 하지만 사물함도 단점이 있어요. 물건을 꺼내려면 몸을 움직여 사물함까지 가야 하거든요.

• 책가방과 사물함, 언제 어떤 상황에서 무엇을 써야 할까? •

여러분의 뇌는 마치 책가방과 사물함처럼 정보를 저장해요. 정보를 저장할 때 뇌는 두 개의 시스템을 작동시키는데, 그게 바로 작업 기억working memory과 장기 기억long-term memory이에요.[1]

작업 기억은 책가방과 같아요. 용량이 작아서 많은 정보를 담을 수 없어요. 게다가 종종 정보를 떨어뜨려요. 대신 아주 편리해요. 지금 작업 중인 정보는 무엇이든 다 담을 수 있어요. 작업 기억이라고 부르는 건 이 때문이죠.

장기 기억은 사물함과 같아요. 조금 멀리 떨어져 있지만 가방보다 훨씬 많은 정보를 담을 수 있어요. 단, 사물함에 담긴 게 너무 많으면 원하는 걸 빨리 찾을 수 없죠.

집중해서 작업하는 생각 문어

이제 여러분의 머릿속 책가방, 즉 작업 기억을 탐험해 봅시다. 앗, 생각 문어가 한 마리 보이는군요. 작업 중인 정보를 다루는 데 사용하는 네 개의 팔을 가지고 있네요. 생각 문어는 어떤 정보를 기억하게 돕고요, 팔 끝으로 작은 전기 스파크를 일으켜 뉴런에게 '말'을 걸어요. 생각 문어는 눈 바로 위에 있는 전전두엽 피질prefrontal cortex에 있어요.

• 주의 깊은 문어는 사람의 작업 기억 속에 살고 있다! •

생각 문어는 여러분이 바로 지금 생각하는 것들을 작업 기억에 담고 처리해

어떻게 공부할지 막막한 너에게

요. 다음 세 사람의 이름을 외워 봐요. 존, 메그, 사라. 지금 여러분의 생각 문어는 팔로 이 이름들을 붙들고 있을 거예요.

잠깐만. 이름이 사라였나? 샐리였나? 생각 문어의 팔은 미끄러워서 정보를 잘 놓쳐요. 그래서 일시적으로 무언가를 기억하고 싶으면 그것을 반복해서 외워야 해요. 이름, 전화번호, 엄마가 시킨 심부름 목록 등등. 그러니 다시 외워 보세요. "사라, 사라, 사라." 반복해서 외우면 문어는 정보를 놓치지 않을 수 있어요. 어딘가에 메모할 때까지 계속 반복하면 돼요. (사실 메모는 문어가 정보를 더 잘 붙들게 만드는 아주 좋은 방법이에요!)

생각 문어는 팔이 네 개라 한 번에 네 개까지만 잡을 수 있는 것도 큰 특징이에요. 머릿속으로 할 일 목록을 만드는 예를 들어 볼게요. '개 산책시키기, 방 청소하기, 남동생 괴롭히기, 숙제하기.' 여기에 하나만 더 추가해 보세요. 십중팔구 잊어버릴 겁니다. 생각 문어의 팔이 모자라거든요. 이를 가리켜 심리학자들은 작업 기억에 네 개의 '슬롯'이 있다고 비유해요. 하지만 나는 문어의 팔이 더 괜찮은 비유라고 생각해요.[2]

이 문어는 잠도 많아요. 자기가 붙잡고 있는 정보에 주인이 집중하지 않으면 그 정보를 떨어뜨리고 꾸벅꾸벅 졸아요. 주인이 자기를 깨워서 다시 일을 시키길 기다리죠.

생각 문어를 깨우려면 어떻게 해야 할까요? 그 정보에 집중하면 돼요. 누군가의 이름을 듣자마자 잊어버린 적이 있죠? 집중하지 않아서 그래요. 잠든 생각 문어는 정보를 붙잡고 있지 못하거든요.

새로운 내용을 배울 때 작업 기억에서는 전기 활동이 활발하게 일어나요.[3] 생각 문어가 팔이 꼬일 정도로 바쁘게 일한다는 뜻이에요. 물

· 집중하지 않으면, 금세 꾸벅꾸벅 졸아요! ·

리학 문제를 풀거나 새로운 생물학 개념을 공부하거나 독일어로 된 문장을 해석하는 등 어려운 내용을 집중해서 공부할 때, 생각 문어의 상태는 다음 그림과 같아요.

· 집중해서 신나게 신호를 보내고 있어요! ·

누구나 생각 문어를 갖고 있어요. 단, 팔의 개수는 사람마다 조금 달라요. 대부분 팔이 네 개지만 다섯 개나 그 이상일 수도 있어요. 팔이 많은 문어는 더 많은 정보를 붙들 수 있고, 팔이 세 개뿐인 문어는 다른

어떻게 공부할지 막막한 너에게

문어보다 붙들 수 있는 정보의 개수가 적겠지요.

정보를 꽉 붙잡는 문어도 있어요. 이런 문어는 팔에 정보가 쉽게 '달라붙어'요. 한편 팔이 미끄러운 문어도 있는데, 이런 문어는 정보를 곧잘 놓치곤 해요. 주로 나이가 들수록, 특히 예순 살 이상이 되면 문어의 팔에 힘이 없어지고 미끄러워져요.[4] (그런데 한 연구에 따르면, 액션 비디오 게임을 하면 60대의 주의력을 20대 수준으로 되돌릴 수 있다고 해요! 게임으로 문어의 팔 힘을 기를 수 있는 셈이죠. 나중에 14장에서 살펴볼 거예요.) 여러분의 문어는 어떨 것 같나요? 팔의 개수가 적더라도 걱정하지 말아요. 미끄러운 팔을 갖고 있어도 괜찮아요. 불리할 것 같지만 그런 팔이 아주 유용할 때도 있거든요.

문어의 팔 힘이 어떻든, 모든 문어는 무리해서 일하면 금방 지쳐요. 생각 문어는 잠깐 동안만, 즉 10~15초 정도만 정보를 붙들고 있을 수 있어요. 그 시간이 지나면, 집중하거나 반복하지 않는 한 정보가 빠져나가기 시작해요. 그러니 어떤 정보를 오랫동안 기억하고 싶다면 그 정보를 문어의 팔이 아닌 다른 곳으로 옮겨야 해요. 작업 기억보다 더 안전한 곳으로 말이죠. 그곳은 어디일까요?

장기 사물함 기억

다행히 뇌에는 장기 기억이라는 또 다른 기억 체계가 있어요. **장기 기억은 사물함과 같아서 책가방보다 훨씬 많은 정보를 저장할 수 있죠.** 장기 기억의 공간은 한도 끝도 없어요. 친구들의 얼굴, 제일 좋아하는 농담, 학교의 배치도는 물론이고 수많은 사실과 개념 등 여러분이 기억하는 과거의 모든 것이 장기 기억에 들어가요. 마술 쇼에 나오는 상자와 비슷하죠. 겉보기에는 작은데 내부 공간은 엄청 큰 상자 말이에요. 장기 기억은 뇌의 어느 부위에 있냐고요? 한곳에 집중돼 있는 작업 기억과 달리, 뇌 전체에 퍼져 있어요. 각각의 정보는 뇌 연결 고리 사슬을 이루어요. 간단한 정보는 작은 사슬이 되고, 복잡한 정보는 사슬이 더 길고 복잡해지겠죠.

그렇다면 어떻게 해야 새로운 정보를 장기 기억에 넣을 수 있을까요? 어떻게 하면 뇌 연결 고리 사슬을 만들 수 있을까요? 기억을 더 잘할 수 있는 간단한 방법이 있을까요?

다음 장에서 그 방법을 배울 거예요.

나만의 기억 연출하기

준비물: 공책 / 펜

셰익스피어는 '온 세상은 무대다'라고 했어요. 그러니 여러분도 책가방, 사물함, 생각 문어가 등장하는 나만의 연극을 연출해 보세요!
이 연극의 목적은 두 종류의 기억 체계를 설명하고, 두 기억 체계와 생각 문어와 뇌 연결 고리 사슬이 어떤 관련이 있는지 설명해 보는 거예요.
거울 앞에서 각각의 배역을 연기해도 되지만, 친구들과 함께 하면 더 좋아요.
이렇게 하면 배운 내용을 더 쉽게 정리할 수 있어요.

어떻게 공부할지 막막한 너에게

적극적 회상하기

이번 장의 중심 내용이 뭐였는지 기억하나요? 사소한 내용까지 다 기억하는 사람은 거의 없어요. 하지만 중요한 내용을 몇 개의 핵심적인 뇌 연결 고리 사슬로 만들면 공부하는 속도가 놀라울 정도로 빨라질 거예요.

☐ 완료 후 체크

· 요점 정리 ·

- 기억 체계는 작업 기억과 장기 기억으로 나뉘어요.
- 작업 기억은 사람이 지금 이 순간 의식적으로 생각하는 내용을 다뤄요.
- 작업 기억은 주로 전전두엽 피질에서 작동해요.
- 작업 기억은 팔이 네 개 달린 친절한 '생각 문어'와 비슷해요. **팔이 네 개 뿐이라는 건, 작업 기억이 동시에 처리하고 담을 수 있는 정보의 양이 제한되어 있다는 뜻이에요.**
- 장기 기억은 뇌 곳곳에 흩어져 있어요. 장기 기억의 정보는 생각 문어가 팔을 뻗어 잡아야 해요. 장기 기억의 저장 공간은 끝이 없지만 그 공간을 활용하려면 정보를 끄집어내는 연습을 하고 그 정보를 처리할 줄 알아야 해요.

• 배운 내용 확인하기 •

1. 작업 기억은 왜 책가방과 같을까요?
2. 생각 문어가 '사는' 뇌의 부위는 어디인가요?
3. 작업 기억에는 보통 몇 개의 정보를 담을 수 있나요?
4. 장기 기억은 왜 사물함과 같을까요?
5. 장기 기억은 뇌의 어느 부위에 있나요?

정답 확인: 271쪽

기억력을 높이려면
사실이 아닌 장면을 기억하라

8장을 읽을 때 CHECKLIST

☐ **흐름 파악하기** | 중요한 텍스트만 먼저 훑어보고 오세요!
☐ **공책과 펜 준비** | 적으면서 읽어 나가세요!
☐ **문제 풀기** | 다 읽은 후, 꼭 풀어 보기!

넬슨 델리스Nelson Dellis는 어릴 때 지극히 평범한 아이였어요. 생일이나 장보기 목록, 남의 이름 같은 것들을 잘 잊어버렸죠. 어느 날인가는 퇴근한 넬슨의 아빠가 가스레인지 위에서 불타고 있는 핫도그를 발견하기도 했어요. 넬슨이 핫도그를 데우다가 그 사실 자체를 잊어버린 거예요.

잊어버릴 수 있는 건 다 잊어버렸던 소년 넬슨은 서른한 살에 미국 기억력 대회에 나갔어요. 오전에 열린 시합에서 넬슨은 이름을 외우는 종목에서 신기록을 세웠지만(15분 만에 무려 201개의 이름을 외웠어요!) 나머지 종목에서 조금 뒤처지고 말았어요. 경쟁자들은 카드와 숫자를 외우는 종목에서 무섭게 기록을 갈아치우며 넬슨을 앞서 나갔어요. 우승을 차지하려면 그만의 기억력 기술을 총동원해야 했죠. 그리고 오후에 카드 묶음 순서를 외우는 경기가 열렸어요. 무려 104장에 달하는 카드 두 묶음을 순서대로 정확히 외워야 하는 어려운 경기였어요.

넬슨은 챔피언이 되었을까요? 가스레인지를 켜 놓았다는 사실조차 잊어버렸던 평범한 사람이 기억력 챔피언이 되는 게 가능할까요?

기억하기 쉬운 정보는 따로 있다

7장에서 우리는 머릿속 책가방 안에 든 생각 문어, 즉 작업 기억을 배웠어요. 이번 장에서는 사물함, 즉 장기 기억에서 일어나는 일을 자세히 살펴볼 거예요.

장기 기억은 크게 두 부분으로 나뉘어요. 이 책에서는 장기 기억의 두 부분을 다음과 같이 비유할 거예요.

· 사물함 안에 놓인 치약 튜브
· 사물함의 나머지 공간

이 비유의 핵심은 다음과 같아요.

치약 튜브 안에는 무언가를 넣기 어려워요. (아마 여러분은 이런 일 자체를 시도한 적도 없을걸요?)

반면에 사물함의 안쪽 벽에 그림을 붙이는 건 아주 쉬워요.

· 치약 튜브 안에 무언가를 집어넣는 게 쉬울까요? ·

생각 문어는 장기 기억에서 정보를 빼내 올 뿐만 아니라, 장기 기억 속에 정보를 저장하는 일도 해요. **생각 문어는 저장할 정보가 '사실'인지 '장면'인지 판단해서 어디에 이 정보를 저장할지 결정해요.**[1] '사실'은 치약과 같아서 저장하기 어려워요. 기억하려는 정보가 사실일 때, 생각 문어는 그 사실을 치약 튜브 안에 집어넣으려고 안간힘을 써요. 얼마나 힘들지 상상이 되죠? 반면에 기억하려는 정보가 장면일 때는 생각 문어가 그 그림을 사물함의 안쪽 벽에 테이프로 붙이기만 하면 돼요. 참 쉽죠?

여기서 말하는 '사실'은 무엇을 뜻할까요? 날짜는 사실에 속해요. 예를 들어 집적회로(뉴런과 비슷한 역할을 하는 컴퓨터 부품)가 발명된 해가 1959년이라는 정보 같은 것이에요. 포르투갈어로 '오리'를 뜻하는 단어가 'pato'라는 정보도 사실이고요. 심리학자들은 이러한 종류의 '사실'

어떻게 공부할지 막막한 너에게

정보를 가리켜 '의미 기억'이라고 불러요.

이런 종류의 정보는 추상적이고 머릿속에서 쉽게 그림이 그려지지 않아요. 따라서 뇌에 저장하기 어려워요.

하지만 장면 정보는 기억하기가 훨씬 쉬워요. 장면은 심리학자들이 '삽화 기억'이라고 부르는 것이에요. 지금 집에 있는 식탁을 떠올려 보세요. 식탁 주위에 의자가 몇 개 있나요? 아마 누구나 식탁을 떠올리면서 의자의 개수를 셀 수 있을 거예요. 가까운 슈퍼마켓에 가는 길도 쉽게 설명할 수 있을 테고요.

자, 이제 기억을 더 잘하는 비법을 알려 줄게요. **사실을 장면으로 바꾸면 더 쉽게 기억할 수 있어요. 장면이 특이하면 특이할수록 더 선명하게 기억할 수 있어요. 장면에 동작이 들어가면 그 기억은 절대 잊히지 않아요.**

이게 바로 넬슨이 쓰는 비법이에요!

넬슨의 다섯 가지 암기 비법

넬슨 델리스는 열심히 노력한 끝에 기억력이 아주 뛰어난 사람이 됐어요. 그는 자신의 경험을 나누기 위해 《기억해!Remember It!》(국내 미출간. -옮긴이)라는 아주 유익한 책을 썼어요. 그가 쓰는 유용한 비법을 활용하면 무엇이든 외울 수 있어요. 시, 숫자, 연설문, 외국어 단어 등 외우지 못할 게 없죠. 나는 넬슨에게 정보를 머릿속에 담은 뒤 오랫동안 잊어버리지 않는 핵심 비법을 물어봤어요. 넬슨이 추천한 방법은 다음과 같아요.[2]

• 무언가를 기억하고 싶다면 스스로를 밀어붙여요! •

집중할게요, 집중! - 뻔한 소리로 들리겠지만, 집중하라고 소리 내어 말하세요. 지금 외우려고 하는 내용이 중요하다고 자기 자신에게 말하는 거예요. 생각보다 굉장히 큰 도움이 돼요! 외워야 하는 내용에 최대한 집중하고 집중력을 제어하는 연습을 많이 하면, 더 잘할 수 있어요.

연습하기 - "안타깝지만, 연습하지 않고 잘할 수 있는 방법 같은 건 없습니다." 넬슨의 말이에요. 암기도 연습을 해야 늘어요. 넬슨은 일상 속에서 계속 암기를 연습하라고 조언해요. 생물 시간에 배운 내용이나 할 일 목록, 친구들의 전화번호 등 뭐든 자꾸 외워 봐요. (요즘에는 전화번호를 외우는 사람이 거의 없어서 친구들 전화번호를 외우면 친구들이 놀랄 거예요.)

상상하기 - 앞에서 추상적인 사실보다는 장면을 외우기가 훨씬 쉽다고 했죠? 외워야 하는 내용을, 마음속으로 그릴 수 있는 이미지로 바꿔

어떻게 공부할지 막막한 너에게

보세요. 넬슨은 "뇌는 이미지를 바로 흡수합니다."라고 했어요. 그림에 동작을 추가하면 기억에 더 잘 남아요. 그냥 고릴라보다는 탱고를 추는 고릴라가 더 외우기 쉬워요.

저장하기 - 외워야 할 장면을 이미 알고 있는 내용과 연결해요. 다시 말해 외울 장면과 연결할 '닻'을 찾는 거예요. 그러면 정보를 쉽게 집어넣고 꺼내기 편리한 장소에 외워야 하는 장면을 저장할 수 있어요. 예를 들어, 새로 만난 사람의 얼굴과 이름을 아는 사람의 이미지와 연결하는 거예요. "그 사람, 댄 삼촌과 이름은 같지만 키는 훨씬 작아." 꺼내기 쉬운 장소에 정보를 저장하는 다른 방법도 있는데, 자세한 내용은 뒤에서 배우게 될 거예요. (이른바 '기억의 궁전' 기법이에요!)

복습, 복습, 복습: 적극적 회상 - 앞의 네 가지 방법들은 단순히 머릿속에 정보를 더 쉽게 넣는 비법이에요. 하지만 마지막 방법, 즉 정보를 반복적으로 떠올리는 적극적 회상은 정보를 장기 기억에 안전하게 저장하는 비법이죠. 처음에는 회상을 자주 해 줘야 하지만 시간이 갈수록 필요한 회상 횟수가 점점 줄어들어요. 학습용 플래시 카드를 사용하면 편리한데요, 퀴즐렛^{Quizlet}(앱스토어 및 플레이스토어 등에서 다운로드 가능하다. -옮긴이)이라는 인기 있는 플래시 카드 애플리케이션을 써도 좋아요. 받아쓰기, 번역, 테스트, 게임 기능을 갖췄어요.

이 다섯 가지 방법을 사용해 계속 암기를 연습하면, 집중이 잘 안 되는 사람의 경우 집중력도 키울 수 있어요. 물론 기억력도 키울 수 있고요! 집중력과 기억력은 서로를 강하게 만들어 주는 관계라고 해요.

자, 이 방법을 어떻게 적용하는지 예를 하나 들어 볼게요. 넬슨은 다음의 세 가지 정보를 어떻게 외울까요?

1. 그레이프프루트를 뜻하는 프랑스어는 팜플레무스^{pamplemousse}다.
2. 뉴런은 축삭 돌기와 가지 돌기로 이루어져 있다.
3. 비소는 먹으면 안 된다.

넬슨은 다음과 같은 장면을 상상할 거예요.

1. 무스^{moose}(북아메리카와 유라시아에 걸쳐 서식하는, 현존하는 가장 큰 사슴. -옮긴이) 한 마리가 그레이프프루트 고무 모형에 펌프^{pump}로 공기를 집어넣는다.
2. 얼떨떨한 표정의 좀비가 바닥에 떨어져 있는 도끼를 주워 들어 등에 올리고, 펜으로 글을 쓴다. 도끼를 올리고, 그런 다음 글을 쓴다! ('도끼를 올리고(ax on)'가 축삭 돌기(axon)와 발음이 비슷하고, '그런 다음 글을 쓴다(then writes)'와 가지 돌기(dendrites)의 발음이 비슷하다는 것을 이용한 것이다. -옮긴이)

· 축삭 돌기와 가지 돌기를 외워 보자! ·

어떻게 공부할지 막막한 너에게

3. 남자가 토하는 장면. 비소를 먹으면 토한다!

넬슨의 기본 전략은 기억이 잘 나는 우스운 이야기를 만드는 거예요. 유치해 보인다고요? 한번 해보면 놀라울 정도로 기억이 쉽게 날 거예요. 이야기를 만드는 것 자체도 재미있고 말이죠!

5장에서 앨의 이야기를 봤죠? 앨도 화학 공부를 할 때 이 방법을 썼어요. 화학을 공부하다 보면 '금속의 반응성 순서'라는 걸 배우게 돼요. 어떤 금속은 다른 금속보다 더 쉽게 산화하는데 이를 '반응성이 높다'라고 해요. 금속의 반응성 순서는 반응성이 높은 금속부터 낮은 금속까지 차례대로 나열한 것이에요.

앨은 시험을 앞두고 다음과 같은 목록을 외워야 했어요.

금속의 반응성 순서
Potassium(포타슘)
Sodium(소듐)
Lithium(리튬)
Calcium(칼슘)
Magnesium(마그네슘)
Aluminum(알루미늄)
Zinc(아연)
Iron(철)
Copper(구리)
Silver(은)
Gold(금)

열한 개의 원소를 순서대로 외워야 하다니, 딱 봐도 어려울 것 같죠? 몇 번이고 소리 내어 말하며 외워도 잘 외워지지 않을 거예요. 이런 정보를 외울 때는 요령이 필요해요.

앨은 운동복을 입은 남학생이 과학 실험실에 앉아 있는 모습을 상상했어요. 남학생은 햇살이 내리쬐는 밖으로 나가 운동을 하고 싶어 안달이 났어요. 남학생이 시험관을 들고 있는 선생님을 올려다보며 이렇게 말하죠. "Please, sir, let's cancel math and zience. Instead, cricket, swimming, golf!(제발요, 선생님. 수학과 과학은 그만두고 대신 크리켓이랑 수영이랑 골프나 하자고요!)"

위 문장에서 각 단어의 머리글자는 앞서 나온 금속들의 머리글자와 같아요. 이런 걸 '연상 기호'라고 하죠. 앨은 시험이 시작하자마자 연상 기호를 활용해 시험지에 금속의 반응성 목록을 순서대로 썼어요. 그런 다음 그 목록을 참고해 화학 문제를 풀었죠. 물론 철자가 조금 맞지 않아 사이언스^{science}를 자이언스^{zience}로 바꿔야 했지만, 이 방법은 앨에게 아주 효과적이었어요!

기억의 궁전 기법

우스꽝스러운 장면을 머릿속에 그리는 전략을 배워 봤는데, 정말 효과적인 것 같죠? 넬슨이 쓰는 또 다른 전략인 '기억의 궁전' 기법을 소개할게요.

기억력 대회에서 우승하려면 서로 전혀 관계가 없는 별의별 정보를 엄청 많이 외워야 해요. 수백 가지의 정보를, 그것도 순서대로 외워야 하죠. 이럴 때 닐슨은 기억의 궁전 기법을 써요.

기억의 궁전 기법은 익숙한 장소를 암기 도구로 활용하는 암기법이에요. 2,500년 전부터 쓰인 암기법으로, 로마 시대의 유명한 문필가였던 키케로도 연설문을 암기할 때 이 기법을 썼다고 해요. 연구에 따르면, 이 기법으로 암기를 하면 뇌가 바뀌고 기억력이 높아진다고 해요.[3]

우선 잘 아는 장소를 떠올려 보세요. 집을 예로 들어 볼게요. 외워야 하는 항목들을 마음속으로 집안 곳곳에 하나씩 '배치'하는 거예요. 각각의 항목은 모두 충격적이거나 우스꽝스러운 모습이어야 해요. 약간의 동작도 추가하면 더욱 좋아요. 그런 다음 집 안을 걸어 다니면서 배치된 품목들을 둘러보는 상상을 하는 거예요. 말을 걸면 더 좋죠.

앗, 엄마가 심부름을 시키시네요. 여러분은 지금 나가서 우유와 빵, 달걀을 사와야 하죠. 이 물건들을 어떻게 기억할 수 있을까요?

현관문을 열고 들어가니 큰 우유통이 환하게 웃는 얼굴로 여러분을 맞이해요. 먼저 우유에게 말을 걸어요.

"안녕하세요, 우유 씨. 오

늘은 유난히 더 커 보이네요."

다음은 거실의 소파에 늘어져 있는 빵 덩이에게 이렇게 말해요.

"빵 양, 정말 한심하네요 such a pain. 빈둥거리는 것 말고는 할 일이 없나 보죠?"('pain'은 '빵'을 뜻하는 프랑스어이기도 해요. 진짜 유치하죠?)

이제 거실을 지나 주방으로 가요. 문을 여니 갑자기 문 위에서 달콤한 상자가 머리 위로 우르르 쏟아져요. 남동생이 깔깔거리며 웃고 있는 걸 보니, 남동생이 놓은 덫이 틀림없어요! 남동생에게 할 말은 여러분이 직접 만들어 보세요.

어떤 식인지 감이 잡히죠? 장면은 생생하고 터무니없을수록 좋아요!

기억의 궁전 비법은 기억력을 높이는 아주 효과적인 방법이에요. 그러니 공부할 때나 실생활에서 이 기법을 적극적으로 활용해 보세요. 예를 들어 스페인어를 공부할 때, a로 시작하는 단어의 기억의 궁전과 b로 시작하는 단어의 기억의 궁전을 각각 만들 수도 있어요. 연설문을 외울 때 핵심어로 기억의 궁전을 만들면 연설문의 주요 내용을 쉽게 떠올릴 수 있고요. 카드 게임을 할 때 이미 나온 카드들을 외우거나, 긴 숫자를 외울 때도 기억의 궁전 비법을 쓰면 좋아요.

어떤 장소로 기억의 궁전을 만들면 좋을까요? 어떤 장소든 좋아요. 내가 사는 동네의 지도나 다니는 학교의 배치도, 제일 좋아하는 산책길이나 공원, 혹은 게임 속 사냥터로도 기억의 궁전을 만들 수 있어요.

기억의 궁전의 장점은 또 있어요. 바로 자투리 시간을 활용할 수 있다는 점이에요. 선생님을 기다릴 때나 심심할 때 이미 만든 궁전을 떠올리며 기억을 강화할 수 있어요. 참, 기억의 궁전을 떠올릴 때 매번 같은 지점에서 출발할 필요는 없어요. 궁전의 맨 마지막 지점부터 시작해 거슬러 올라갈 수도 있어요!

이 오래된 비법이 효과적인 이유는 무엇일까요? 뇌는 장소와 방향을 아주 잘 기억하기 때문이에요. 장소와 방향은 장기 기억 중 장면(삽화 기억)에 속해요. **학자들은 이를 시공간 기억**visuospatial memory**이라고도 불러요**. 시공간 기억에는 엄청나게 많은 정보를 담을 수 있어요! 물론 이 기억을 활용하는 능력을 키우려면 연습을 해야 하죠. 남보다 연습을 더 많이 해야 하는 사람이 있긴 하지만 누구나 이 능력을 활용할 수 있어요.

시공간 기억에는 단순한 사실보다 장소와 방향에 관한 정보가 훨씬 잘 담겨요. 석기 시대에 살았던 우리의 조상들을 생각해 보세요. 그들에게는 자기 집을 찾는 일이 돌의 이름을 외우는 것보다 훨씬 중요했을 거예요. "저런 돌을 '석영quartz'이라고 부른다고? 알 게 뭐야. 내 동굴로 돌아가려면 어디로 가야 했더라?"

그들의 후손인 우리 역시 장소와 방향 정보를 더 잘 기억해요. 학교에 가는 길이나 집으로 돌아가는 길을 잊어버린 적이 있나요? 아마 없을 거예요. 그래서 새로운 정보를 외울 때는 그 정보를 집에 가는 길처럼 익숙한 장소와 연결하는 게 좋아요. 그러면 훨씬 쉽게 외울 수 있어요. 그리고 넬슨의 조언에 따르면, 기억의 궁전에 외워야 하는 항목들을 배치할 때는 각각의 항목에 최대한 집중해야 해요. 처음에는 어렵지만 하다 보면 금방 익숙해져요.

또 다른 암기 전략들

어려운 정보를 기억하기 쉽게 만드는 방법은 더 있어요.

외우고 싶은 정보를 주제로 노래를 만들어 보세요. 다른 사람이 만들어 놓은 노래를 써도 돼요. 검색창에 '금속의 반응성 순서 노래'를 검색하면 관련 노래가 많이 나올 거예요. 물론 시험 시간에 큰 소리로 부르면 안 되겠죠?

외우고 싶은 정보와 관련된 비유를 만들어 보세요. 알다시피 이 책에는 비유가 많이 나와요. 여러분이 이 책의 내용을 더 잘 흡수하도록 돕기 위해서예요. 여러분도 외우고 싶은 사물이나 개념에서, 이미 내게 익숙한 것들과의 비슷한 점을 찾아보세요. 그림으로 그려도 돼요. 예를 들어 다음의 그림처럼 벤젠(정육각형 평면 고리 모양의 유기화합물. 독성, 발암성을 띤다. -옮긴이)의 화학 결합을 팔과 꼬리로 연결된 원숭이들의 모양에 비유할 수 있어요. (손만 잡은 것은 단일결합을, 손과 꼬리를 동시에 잡은 것은 이중결합을 의미한다. -옮긴이)

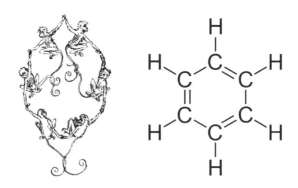

• 팔과 꼬리가 어떻게 얽혀 있나요? •

어떻게 공부할지 막막한 너에게

필기를 열심히 하세요. 14장에서 자세히 설명하겠지만, 배운 내용을 손으로 직접 쓰면 그 내용이 기억에 더 잘 남아요. (타자로 치는 거랑 달라요!)

자기 자신이 외우려는 사물이나 개념이 됐다고 상상하세요. 내가 별이 되면 어떨까? 대륙이나 빙하, 햇빛을 받고 자라는 나무가 되면 어떨까? 우습게 들리겠지만 분명 효과가 있어요! 개미에 대해 배우고 있다면, 개미가 됐다고 생각하고 개미의 일생을 주제로 창의적인 글을 써 보세요.

숫자를 익숙한 모양이나 글자와 연결하세요. 그러면 숫자가 더 친근하고 실감나게 느껴져요. 예를 들어 숫자 '2'는 백조와 비슷하게 생겼고, '5'는 구부러진 모양이 뱀과 비슷하죠. 숫자에 생명력을 더하면 숫자를 더 잘 외우게 해 주는 이야기를 쉽게 만들 수 있어요. '52'를 백조를 향해 쉭쉭거리며 나아가는 뱀으로 생각하면 더 쉽게 외울 수 있겠죠.

외우고 싶은 내용을 다른 사람에게 가르치세요. 엄마나 아빠, 친구를 앉혀 놓고 장기 기억과 작업 기억을 설명해 보세요. 처음에는 필기한 내용을 참고해도 되고, 내용이 머릿속에 어느 정도 들어오면 공책을 보지 않고 해 보세요. 회상은 정보를 뇌에 새기는 가장 효과적인 방법이고, 남에게 설명하기는 가장 효과적인 회상이거든요. 참고로 꼭 사람이 아니어도 돼요. 고무 오리도 설명을 잘 들어줄 수 있어요. 이를 '고무 오리 기법'이라고도 부르죠. 이 기법은 효과가 워낙 뛰어나 컴퓨터 프로그래머들이 즐겨 쓰는데요, 코드를 짜다 막히면 어떤 역할을 해야 하는 코드인지 한 줄씩 고무 오리 인형에게 설명하는 거예요. 그러다 보면 코드의 문제가 무엇인지 알게 된다고 하네요.[4]

수면을 충분히 취하세요! 여러분이 지금 배우고 있는 새로운 개념을 머리에 새기려면 말이죠.

기억력 대회의 결과

이제 넬슨이 기억력 챔피언이 되기 위해 어떤 비법을 썼는지 감이 잡혔을 거예요. 넬슨은 아까 말한 미국 기억력 대회에서 우승했을까요? 물론이죠. 그것도 처음이 아니라 네 번째 우승이었어요! 넬슨은 이렇게 말했어요.

"다들 저보다 빠르고 잘하는 선수들이었습니다. 하지만 카드 두 묶음을 외우는 마지막 종목에서 저는 서두르지 않고 천천히 104장의 카드를 완벽히 외웠습니다. 결국에는 제가 더 오래 버텼습니다. 다른 참가자들은 실수를 했고 저는 다시 우승했습니다."[5]

지금까지 기억력을 높이기 위한 엄청난 방법들을 살펴봤어요. 이번 장에 나온 공부법들은 대부분 창의력을 발휘해야 하는 방법이에요. 그러니 이렇게 반박할 사람들이 있을지도 모르겠군요.

"저는 창의력이 별로 없는데요!"

물론 지금은 창의력이 부족할지도 몰라요. 하지만 무엇이든 계속 연습하면 점점 잘하게 돼요. 게다가 청소년기에는 누구나 창의력이 뛰어나요. 단지 발휘하는 방법을 잊어버렸을 뿐이죠. 얼마든지 다시 창의력을 되살릴 수 있어요!

기억의 궁전 만들기

이번 장에서 배운 넬슨의 다섯 가지 암기 비법을 기억의 궁전에 배치하세요. 책을 덮고, 다섯 가지 암기 비법을 떠올려 보세요. 이 연습을 반복해 넬슨의 암기 비법을 장기 기억에 저장하고 넘어가세요.

◦ **요점 정리** ◦

· 정보는 사실 기억과 장면 기억으로 저장되고, 장면은 사실보다 기억하기 훨씬 쉬워요.
· 넬슨 델리스의 다섯 가지 암기 비법은 다음과 같아요.
  1. 기억하려는 정보에 **집중하기**
  2. 기억을 떠올리는 **연습하기**
  3. 기억하려는 정보를 **장면으로 바꾸기**
  4. 장면을 **이미 아는 정보와 연결해 저장하기**
  5. **적극적 회상** 반복하기
· **기억의 궁전 비법은 시공간 기억을 활용하는 유용한 기억법이에요.**
· 기억을 돕는 또 다른 방법 다섯 가지는 다음과 같아요.
  1. **노래** 활용하기
  2. **비유** 만들기
  3. 직접 손으로 **필기하기** (타자 X)
  4. 자기 자신이 이해하고 외우고 싶은 사물이나 개념이 됐다고 **상상하기**
  5. 배운 내용을 다른 사람에게 **가르치기**

1. 기억력이 늘 나빴던 사람도 기억력이 좋아질 수 있을까요? 그게 가능하다면, 어떻게 해야 그렇게 될 수 있을까요?
2. 기억의 궁전 기법이 무엇인지 설명해 보세요.
3. 장기 기억은 정보를 두 가지 형태로 저장해요. 두 가지 형태가 각각 무엇인지 말하고, 둘의 차이를 설명하세요.
4. 사실을 장면으로 바꾸면 외우기가 더 쉬워져요. 그렇다면 장면을 기억에 더 잘 남게 하려면 어떻게 해야 하나요? 예를 하나만 들어 보세요.

정답 확인: 271쪽

9장

배우면 배울수록
점점 쉬워지는 이유

9장을 읽을 때 CHECKLIST

☐ **흐름 파악하기** | 중요한 텍스트만 먼저 훑어보고 오세요!
☐ **공책과 펜 준비** | 적으면서 읽어 나가세요!
☐ **문제 풀기** | 다 읽은 후, 꼭 풀어 보기!

이 사진의 주인공은 내 딸인 레이철이에요. 레이철이 차를 후진하는 법을 배우고 있는 장면이죠. 당황한 표정이 보이나요?

· #혼돈 #파괴 #망함 #당황 ·

후진은 어렵거든요. 적어도 초보일 때는 그래요. 거울을 봐야 하나? 아니면 고개를 돌려 어깨 너머를 봐야 하나? 정면을 봐야 하나? 생각할 게 한두 가지가 아니에요. 더 큰 문제는, 후진할 때 오른쪽으로 가려면 핸들을 왼쪽으로 돌려야 한다는 점이에요!

이번 장에서는 뇌 연결 고리 사슬을 튼튼하게 만드는 일이 생각보다 훨씬 중요하다는 걸 배울 거예요.[1] 뇌 연결 고리 사슬이 튼튼하면 복잡한 정보를 빠르게 처리할 수 있기 때문이에요. 물론 레이철과 자동차에 무슨 일이 벌어졌는지도 알아봅시다!

뇌 연결 고리 사슬이 중요한 이유

4장에서 배운 뇌 연결 고리 사슬이 기억나나요? 뇌 연결 고리 사슬은 뉴런들이 이어진 사슬이에요. 새로운 개념을 제대로 익히면 새로운 뇌 연결 고리 사슬이 사물함, 그러니까 장기 기억 속에 만들어져요.

우리가 새로운 개념을 처음 받아들일 때는 우선 작업 기억이 바쁘게 작동해요. 이때 생각 문어가 팔 네 개를 모두 동원해 정보를 다뤄요. 새로운 개념의 뜻을 이해하고 기존의 개념과의 관계를 파악하기 위해 정보를 이리저리 조합하며, 새로운 뇌 연결 고리 사슬을 만드는 작업을 시작해요. 이 과정은 단계적으로 진행돼요.

1단계는 작업 기억이 새로운 개념을 이해하는 단계예요.

2단계는 새로운 개념을 복습하는 단계예요.

그러면 얼마 뒤에 그 개념과 관련된 새로운 뇌 연결 고리 사슬이 생거요. 장기 기억에 튼튼하게 연결된 패턴이 하나 더 늘어났다는 뜻이에요. 친절한 뉴런이 옆에 있는 뉴런과 연결되었다는 뜻이기도 해요. 이때부터 그 개념을 자연스럽고 편안하게 쓸 수 있게 되죠.

• 뇌 연결 고리 사슬이 튼튼하면 생각 문어가 붙들기 쉽죠! •

자, 그러면 생각 문어가 뇌 연결 고리 사슬과 연결되는 과정을 살펴볼까요? 아주 간단해요.[2] 생각 문어는 책가방 안에서 팔 하나를 쭉 뻗어요. 그 팔은 머릿속 복도를 지나 장기 기억 사물함으로 미끄러지듯이 들어가죠. 사물함에 도달한 팔은 사물함 속에서 지금 작업에 필요한 뇌 연결 고리 사슬을 골라 그 사슬에 전기 충격을 줘요. 그러면 팔과 사슬이 징! 하고 연결돼요. 그 순간, **생각 문어의 팔이 붙잡은 뇌 연결 고리 사슬은 전전두엽 피질, 즉 작업 기억과 연결돼요.** 생각 문어의 활약으로 사물함에 저장돼 있던 정보가 책가방에 들어갔고, 뇌는 그 정보를 쓸 수 있게 되었어요.

· 생각 문어의 팔이 사슬을 건드리면 곧바로 전기 신호가 전달돼요! ·

장기 기억에 있는 정보의 뇌 연결 고리 사슬은 고리가 아주 잘 연결돼 있어서 생각 문어가 쉽게 '잡아당길' 수 있어요. 그것도 팔 하나로만요.

이때 나머지 팔 세 개는 놀아요. 노는 팔로 다른 일을 하거나 생각할 수 있죠. 예를 들면, 다른 뇌 연결 고리 사슬을 잡을 수 있어요. 복잡한 개념이나 행동을 여러 개 연결할 수 있는 건 이 때문이에요.

생각 문어의 팔은 네 개라고 했죠? 그래서 한 번에 네 개의 뇌 연결 고리 사슬만 잡을 수 있어요. 하지만 각각의 사슬에는 또 다른 뇌 연결 고리 사슬들이 연결돼 있는 경우가 있어요. 결과적으로는 여덟 개, 열 개, 쉰 개 이상의 사슬을 한 번에 잡을 수 있는 셈이에요! 어떤 일의 고수가 되면, 문어의 팔이 네 개뿐이더라도 많은 양의 정보를 처리하고 복잡한 질문에 답할 수 있는 건 이 때문이에요.

역사나 춤, 체스, 비행기 조종, 수학, 과학의 고수들은 한 가지 공통점이 있어요. 연결이 아주 튼튼하게 잘된 뇌 연결 고리 사슬을 아주 많이 갖고 있다는 거예요. 이 사슬들은 다른 사슬과 쉽게 연결되어서, 고수의 생각 문어는 서로 연결된 엄청난 양의 정보를 순식간에 끌어당길 수 있어요!

· 고수의 뇌 연결 고리 사슬 ·

어떻게 공부할지 막막한 너에게

이렇게 편리한 뇌 연결 고리 사슬을 잘 만들려면 어떻게 해야 할까요? 우선 배우고자 하는 개념을 이해해야겠죠. 하지만 어떤 개념을 이해하기만 해서는 뇌 연결 고리 사슬이 만들어지지 않아요. 뇌 연결 고리 사슬을 만들려면 새로운 개념을 연습해야 해요. **이해와 연습은 서로 비례하는 관계로, 연습을 많이 할수록 배우는 내용을 더 잘 이해할 수 있어요.**[3]

여기서 '이해의 함정'을 알고 넘어가야 해요. 개념을 이해하는 것이 중요하긴 하지만 이해를 지나치게 강조해서는 안 되는 이유를 알려 줄게요.[4]

체스의 고수나 응급실 의사, 전투기 조종사와 같은 전문가들은 의식적인 생각보다는 체계적으로 잘 연결된 뇌 연결 고리 사슬을 활용하는데요,[5] 지금 하는 행동을 왜 하는지 '이해'하려고 너무 의식하면 속도가 느려지고 흐름이 끊겨 결과적으로 나쁜 결정을 내리거나 문제 해결 능력이 떨어진다고 합니다.

튼튼한 뇌 연결 고리 사슬이 만들어지기도 전에 어떤 개념을 다양한 관점에서 이해하려고 하면 오히려 더 헷갈릴 수도 있어요. 특히 수학과 같은 분야가 그렇죠. 수학을 공부할 때는 반복적이고 꾸준한 연습과 암기를 통해 튼튼한 뇌 연결 고리 사슬을 만드는 데 집중해야 나중에 이해의 깊이가 더욱 깊어져. 그래서 시중에는 성급하게 진도를 나가기보다는 개념을 단계별로 조금씩, 완전히 익히도록 하는 수학 공부 프로그램들이 개발되어 있어요. 스마틱Smartick(저자가 직접 참여해 개발한 수학 공부 프로그램으로, 국내에는 아직 출시되지 않았다. –옮긴이)과 구몬Kumon과 같은 것들이 대표적으로, 이른바 '완전 학습'이라 불리는 훌륭한 학습법이죠.[6]

· 연습을 통해 뇌 연결 고리 사슬을 길게 만들어요! ·

뇌 연결 고리 사슬과 인지 부하

참, 후진하는 법을 배우던 레이철은 어떻게 됐을 것 같나요? 레이철은 후진을 배우면서 스트레스를 엄청나게 받았고 자기는 영영 후진을 하지 못할 거라는 생각까지 했죠. 하지만 실수를 할 때마다 수많은 조언을 받으면서 연습을 하고 또 했어요. 그리고 드디어 '후진'과 관련된 아름다운 뇌 연결 고리 사슬이 만들어졌어요. 레이철의 뇌 속에 깊고 풍부한 뉴런의 길이 만들어진 거예요. 여기저기에서 수없이 많이 후진을 한 덕분이었어요. 이제 레이철은 후진의 고수예요. 운전과 관련된 다른 많은 뇌 연결 고리 사슬과 더불어 '후진하는' 사슬이 생긴 덕분에 능숙한 운전자가 됐어요.

후진하는 뇌 연결 고리 사슬이 생기기 전과 후의 레이철의 뇌를 비교해 볼까요? 후진하는 사슬이 없었을 때, 레이철은 후진을 하기 위해 온 신경을 집중해야 했어요. 그때 레이철의 생각 문어는 아주 바빴어요. 후진의 각 단계를 처리하려면 가지고 있는 팔을 모두 동원해야 했고 다른 정보를 처리할 여유가 전혀 없었죠.

하지만 뇌 연결 고리 사슬이 만들어지고 난 지금은 '후진하고 싶다'라는 생각을 떠올리기만 하면 돼요. 그러면 레이첼의 생각 문어는 장기 기억의 사물함으로 팔을 스르륵 뻗어 '후진'과 관련된 사슬을 붙잡아 '징' 하는 작은 전기 신호를 보내면 돼요. 어려웠던 후진이 너무나 쉬운 일이 됐어요!

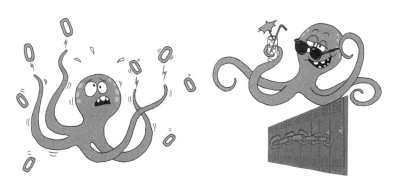

· 뇌 연결 고리 사슬이 없으면
생각 문어가 너무 바빠요! ·

· 뇌 연결 고리 사슬이 있으면
생각 문어가 편안해요! ·

후진이 능숙해진 덕분에 레이철의 작업 기억은 레이철이 후진하는 동안 안전띠를 맸는지 확인하는 등의 다른 일을 할 수 있게 됐어요. 급기야 레이철은 비상 상황이 벌어지지 않는 한 좀비 모드로 후진을 하는 경지에 올랐어요.

만약 주차를 하느라 후진을 하고 있는데 다른 사람이 내 자리에 끼어들려고 하면 어떻게 될까요? 곧바로 좀비 모드에서 깨어나 눈앞에 닥친 상황을 새로운 방식으로 분석할 거예요. 이때 생각 문어의 팔을 총동원해야겠죠. 다른 일은 다 제쳐 두고 집중하지 않으면 새로운 상황에 신속하게 대처할 수 없어서 사고가 날지도 몰라요!

여기서 알 수 있는 사실. 작업 기억에 너무 많은 정보가 쏟아지면 상황을 제대로 분석할 수 없어요. 정보가 뒤죽박죽 엉망이 돼 버리죠. 심리학자들은 이 상태를 '인지 부하'[7]라고 불러요. 인지 부하는 작업 기억에 쓰이는 정신적 노력의 양을 가리키는 말로, 이미 많은 양의 정보를 처리하고 있는 작업 기억에 새로운 정보를 추가하는 건 어렵다는 뜻이에요.

다시 강조하지만, 작업 기억은 한 번에 한정된 양의 정보만 처리할 수 있어요. 연습을 많이 해서 튼튼한 뇌 연결 고리 사슬을 만들어야 하는 건 이 때문이에요.

공부의 오래된 적, TV와 스마트폰

여기까지 생각 문어에 대해 알아봤다면, 생각 문어에게 별난 특징

어떻게 공부할지 막막한 너에게

이 두 개 있다는 것을 알아챘을 거예요. 첫째, 생각 문어는 여러분이 제대로 집중해야 잠에서 깨어나 일을 시작해요. 둘째, 팔의 개수가 많지 않아요. 평균 네 개, 많아 봤자 대여섯 개예요. **그래서 생각 문어를 가장 힘들게 하는 일이 바로 '다른 일에 정신 팔기'와 '다른 일에 주의 돌리기'예요.**

다른 일에 정신이 팔리면 작업 기억이 맡은 일을 제대로 할 수 없어요.[8] 정보를 붙잡을 팔이 하나 줄어들기 때문이에요. 팔 하나를 못 쓰게 되는 것과 같아요. 두 손이 아니라 한 손으로 오렌지 껍질을 벗기는 것과 마찬가지예요.

예를 들어 공부할 때 텔레비전을 틀어 놓으면 어떨까요? 자신의 귀에 들리는 소리에 자기도 모르게 관심이 쏠릴 거예요. 본인은 소리를 듣고 있지 않다고 생각하겠지만, 생각 문어는 팔 하나를 사용해 무의식중에 그 소리를 처리하고 있어요.

다른 일에 주의를 돌리는 것도 생각 문어를 피곤하게 만들어요. 이를 어려운 말로 '과제 전환'이라고 하죠. 붙잡고 있던 정보를 놓고 새로운 정보를 잡아야 하거든요. 예를 들어 여러분이 숙제를 하고 있는데

• "한 팔은 못 쓰게 됐어!" •

• "아, 뭘 잡으라는 거야?" •

친구가 다가와 점심 식사에 관한 이야기를 하면 어떻게 될까요? 여러분의 생각 문어는 숙제와 관련된 뇌 연결 고리 사슬을 놓고 점심 식사와 관련된 사슬을 붙잡아야 해요. 그러다 친구가 떠나면 이전 상태로 돌아가기 위해 생각 문어가 점심 식사 사슬을 놓고 다시 숙제 사슬을 더듬더듬 찾아야 하죠. 얼마나 피곤하겠어요!

그러니까 공부에 집중할 때는 다른 일에 정신을 팔거나 일을 계속 바꿔서 하면 안 돼요.

스마트폰이 있는 사람은 한번 생각해 보세요. 혹시 친구들이나 가족과 놀 때 틈틈이 스마트폰을 확인하고 있나요? 스마트폰으로 주의를 돌리는 순간, 함께 있는 사람들에게 더는 집중할 수 없어요. 게다가 스마트폰에서 눈을 떼고 다시 대화에 집중하려면 좀 시간이 걸리죠. 아마 여러분도 이미 알고 있는 사실일 거예요.

공부도 마찬가지예요. 숙제로 어려운 문제를 풀다가 멈추고 스마트폰을 보면 기껏 잡고 있던 뇌 연결 고리 사슬을 다 놓아 버리게 돼요. 다시 문제를 풀려면 사슬을 전부 다 새로 붙잡아야 하고요. 그러면 불쌍한 생각 문어를 피곤하게 만들 뿐이에요.

그러니 숙제할 때는 스마트폰을 다른 곳에 두세요. 포모도로가 끝날 때까지는 스마트폰을 저 멀리 두는 거예요. 스마트폰을 옆에 두고 공부하면 어려운 부분이 나올 때마다 스마트폰을 훔쳐보고 싶은 충동이 들고, 무엇보다도 한번 스마트폰을 보면 다시 공부에 집중하기 어려워지니까요!

어떻게 공부할지 막막한 너에게

일단 시작하면, 재미있어지고 쉬워진다!

일단 뇌 연결 고리 사슬이 만들어지면 서로 연결된 많은 양의 정보를 쉽게 끌어당길 수 있어서 복잡한 생각을 더 쉽게 할 수 있다고 했죠. 배운 내용과 관련된 뇌 연결 고리 사슬이 머릿속에 생겨서 서로 연결되기 전에는, 생각 문어가 처리할 정보가 너무 많아 머릿속이 뒤죽박죽 엉망이 돼요. 뭐가 뭔지 전혀 파악되지 않죠. 우선 뇌 연결 고리 사슬부터 만들어야 해요. 연습할수록 그 사슬은 더 길어져요. 길고 튼튼한 사슬이 만들어지면 생각 문어가 이를 쉽게 붙잡아 할 일을 할 수 있어요.

새로운 내용을 배울 때 보통 첫 번째 단계가 가장 어려운 이유가 바로 이것이에요. 뇌 연결 고리 사슬이 아직 생기기 전이라 어렵고 재미도 없어요. 하지만 뇌 연결 고리 사슬이 수없이 많이 만들어지는 단계를 밟는 순간, 고수에 이르는 길에 들어설 수 있어요.

자전거 타기를 예로 들어 볼게요. 처음 배울 때는 안장에 똑바로 앉아 있지도 못해요. 쓰러지고 때로는 다치기도 해요. 간신히 똑바로 앉을 수 있게 되면, 이젠 브레이크를 너무 세게 밟지 않는 법과 쓰러지지 않으면서 핸들을 돌리는 법을 배워야 해요. 하나하나 너무 어려운 것들이죠.

하지만 어려운 배움의 단계를 거치고 나면 그냥 휙 올라타 탈 수 있게 돼요. 고수가 되는 거예요. 야호!

여기서 우리는 중요한 사실을 알 수 있어요. 어떤 일에 고수가 되지 않으면 그 일을 즐겁게 하기 어렵다는 사실 말이에요. 무엇을 배우든 처음 배울 때는 '자전거의 균형을 어떻게 맞추지?'를 고민하는 아주 기초적인 단계를 거쳐야 해요. 이 단계는 당연히 어려울 수밖에 없고요.

그러니 일단 그냥 시작하세요! 무슨 일이든 처음이 제일 힘들어요. 힘들다고 낙담하기보다는 과정을 즐기고 결과를 기다리도록 하세요.[9]

적극적 회상하기

이번 장의 중심 내용은 무엇이었나요? 중심 내용을 마음속에 그림을 그리듯이 이미지로 만들어 떠올려 보세요('생각 문어'처럼 말이죠). 회상할 때는 책을 덮고 고개를 들어야 해요. 잘 안 되면 중심 내용을 종이에 적어 가면서 하세요.

☐ 완료 후 체크

어떻게 공부할지 막막한 너에게

◦ 요점 정리 ◦

- 뇌 연결 고리 사슬은 연습을 통해 '사물함', 즉 장기 기억에 만들어진 뉴런의 길이에요. 뇌 연결 고리 사슬이 생기면 작업 기억이 복잡한 정보를 더 빨리 처리할 수 있어요. 잘 만들어진 뇌 연결 고리 사슬은 생각 문어가 쉽게 붙잡을 수 있어요.

- 종류가 전혀 다른 뇌 연결 고리 사슬을 계속 바꿔 잡게 하면 생각 문어가 피곤해져요. 그러니까 공부할 때는 다른 일에 정신을 팔거나 '과제 전환'을 하면 안 돼요.

- 뇌 연결 고리 사슬이 없는 상태에서 머릿속 책가방에 너무 많은 정보를 넣으려 하면 머릿속이 뒤죽박죽이 되어 버려요. 누구나 인지 부하에 한계치가 있어요. 작업 기억이 한 번에 처리할 수 있는 정보의 양에는 한계가 있다는 뜻이에요.

- 새로운 내용을 배울 때는 보통 첫 번째 단계가 가장 어려워요. 인내심을 갖고 계속 노력해야 해요. 뇌 연결 고리 사슬이 생겨 감이 잡히기 시작하면, 재미를 느끼는 순간이 분명 와요.

• 배운 내용 확인하기 •

1. 뇌 연결 고리 사슬은 왜 중요할까요?
2. 생각 문어가 하는 일을 설명해 보세요.
3. 신발 끈 매기는 '뇌 연결 고리가 생기는' 좋은 예시예요. 신발 끈을 매는 법을 처음 배울 때는 세심한 주의를 기울여야 해요. 하지만 완전히 익히고 나면 대화를 하거나 텔레비전을 보거나 노래를 부르면서도 신발 끈을 묶을 수 있게 돼요. 본인에게 뇌 연결 고리 사슬이 생긴 활동이나 개념이 무엇이 있는지 생각하고 적어 보세요.
4. 텔레비전을 켜 놓고 공부하면 생각 문어에게 어떤 일이 벌어질까요?
5. 왜 공부를 하다가 다른 일을 하지 말아야 하나요?
6. 숙제를 할 때 스마트폰을 어떻게 하는 게 좋을까요? 그 이유는 무엇인가요?
7. 어떤 개념을 이해하기만 하면 뇌 연결 고리 사슬이 생길까요?
8. 어떤 일의 고수가 되려면 어떻게 해야 할까요?
9. 불타는 건물에 갇힌 당신! 나를 구할 소방관을 선택할 수 있다면, 어떤 소방관을 선택해야 할까요? 그리고 왜 그런 선택을 해야 할까요?
   - 불타는 건물에서 사람들이 구조되는 걸 지켜보기만 한 소방관
   - 불타는 건물에서 사람들을 구조하는 연습을 실제로 한 소방관

정답 확인: 272쪽

10장

함께 공부하면서
내 안의 잠재력 끌어내기

10장을 읽을 때 CHECKLIST

☐ **흐름 파악하기** ┃ 중요한 텍스트만 먼저 훑어보고 오세요!
☐ **공책과 펜 준비** ┃ 적으면서 읽어 나가세요!

안녕하세요. 나는 이 책의 또 다른 공동 저자인 테리 세즈노스키입니다. 바브나 앨과는 전혀 다른 학창 시절을 보낸 나의 이야기를 들려주겠습니다.

초등학생 때 나는 '과학 소년'이었습니다. 집 지하실에 화학 실험실을 만들 정도였으니 짐작이 갈 겁니다. 섬광, 폭발, 연기 구름 같은 것들을 만들어 내는 걸 무척 좋아했지요. 일곱 살 때는 학교에서 종이 반죽으로 화산을 만들었는데, 거기서 나온 연기 때문에 화재경보기가 울렸고 전교생이 대피하는 사태가 벌어졌습니다. 지금도 내 동창들은 내가 학교를 불태울 뻔했던 그날을 기억하더군요.

문제아, 동아리에서 구원 받다

고등학생 때는 과학 수업이 재미없었습니다. 내가 아는 과학 지식에 비해 수업 내용이 너무 단순했기 때문입니다. 게다가 질문을 많이 하면 수업에 방해가 된다는 꾸중만 들었고요. 과학 시간에 나는 '문제아' 취급을 받곤 했습니다. (물론 수업이 쉬워서 재미없는 게 아니라 수업 내용에 호기심이 없어서 수업이 재미없을 수도 있으니, 본인이 지금 듣는 수업이 재미없게 느껴지는 이유를 잘 생각해 보기 바랍니다.)

그러다 '라디오 클럽'에서 구원을 받았죠. 라디오 클럽은 과학을 사랑하는 아이들이 방과 후에 만나 무선 통신 장치를 공부하고 만드는 동아리였습니다. 우리는 모스부호(새뮤얼 모스가 고안하여 완성한 전신 기호로, 짧은 발신 전류와 긴 발신 전류만을 가지고 전신부호를 구성하여 문장을 만들어 전송할 수 있다. -옮긴이)로 무선 신호를 보내는 연습을 했습니다. 직접 만든 안테나를 이용해 달에 전파를 쏜 뒤 그 반사파를 받아 교신하는 '월면 반사 통신'이라는 것도 했고요. 드디어 하고 싶은 질문을 마음껏 할수 있게 되어서 정말 기뻤습니다.

경험상, 학교에서 만족스러운 경험을 하는 가장 좋은 방법은 내가 좋아하는 활동을 하는 동아리에 가입하는 겁니다. 학교에 마음에 드는 동아리가 없다면 주저하지 말고 동아리를 새로 만드는 방법을 물어보기 바랍니다. 좋아하는 활동을 함께할 친구를 찾다 보면 진정한 우정을 쌓을 수 있을 뿐 아니라 창의력도 꽃피울 수 있습니다. 홈스쿨링을 하는 학생도 지역 사회나 가까운 학교와 연계된 동아리에 가입할 수 있으니 꼭 알아보기 바랍니다.

사람들에게서 배운 것

어느 날 라디오 클럽의 지도 선생님이 나에게 이런 질문을 하셨습니다.

"넌 어떤 일을 하면서 살고 싶니?"

그 자리에서 바로 답을 하지는 못했습니다. 하지만 그 질문을 계기로 나는 미래를 생각하기 시작했습니다. 어른이 되어 평생 할 일을 찾아야겠다고 다짐했습니다. 우선 내가 관심 있는 것들이 무엇인지 떠올려 봤습니다. 나는 중력과 뇌에 관심이 아주 많았습니다. 중력은 어떻게 이동할까? 왜 내 뇌는 어떤 과목(물리학)은 빨리 배우면서 어떤 과목(언어)은 빨리 배우지 못할까?

지금 내가 아는 뇌 관련 지식과 공부법을 학창 시절에 몰랐던 게 무척 아쉽습니다. 알았다면 바브와 앨처럼 언어 과목에서 훨씬 좋은 성적을 받았을 겁니다. 학창 시절에 독일어 수업을 듣긴 했지만, 독일어로 간신히 의사소통을 하는 수준에라도 도달한 건 독일 출신 여자친구를 만난 뒤였습니다. 고등학생 때는 독일어를 배우겠다는 의욕이 별로 높지 않았기 때문입니다.

다행히 과학자로서의 진로는 잘 풀렸습니다. 칼 앤더슨^{Carl Anderson}이라는 유명한 교수님이 현명한 조언을 해 주신 덕분입니다. 앤더슨 교수님은 양전자(양의 전하를 띤 전자로, 전자는 원래 음의 전하를 가지는데 양전자는 전자와 다른 속성은 모두 같고 전하만 양의 전하를 띱니다)를 발견한 공로로 노벨상을 받은 분입니다. 교수님은 내게 이론을 연구하고 싶은지, 실험을 하고 싶은지 물으셨습니다. 내가 "둘 다 하면 안 되나요?"라고 묻자, 교수님은 가능하다면서 나중에 나와 친해진 캘리포니아 공과대학 학생의 사례를 소개해 주셨습니다.

존경하는 사람의 조언은 삶에 큰 영향을 미칩니다. 나는 프린스턴 대학교의 대학원에 진학했습니다. 대학원은 대학 공부의 고급 과정을 밟는 학교를 뜻합니다. 보통 대학에서 공부하면 '학사' 학위를 받고, 학사 학위를 받은 뒤에 더 공부하고 싶은 사람은 대학원에 남아 더 깊이 있는 석사 과정을 밟습니다. 나는 대학원에서 물리학에 대해 많은 걸 배웠습니다. 운이 좋게도 블랙홀과 중력에 대해 흥미로운 발견을 했고, 훌륭한 멘토와 똑똑한 친구들을 만날 수 있었습니다.

제가 여러분에게 들려주고 싶은 말은 다음과 같습니다. **어려운 문제를 다른 사람들과 함께 풀면 큰 도움을 받을 수 있습니다. 그러니 내 안의 잠재력을 끌어내 주는 사람들을 찾으세요. 훌륭한 발상을 하는 사람들과 어울리며 훌륭한 생각을 더 많이 떠올리는 경험을 하기 바랍니다.**

그러다 전환점을 맞았습니다. 당시 나는 물리학과 중력에 관한 궁금증을 풀었지만 뇌에 대해서는 아직 모르는 게 많았습니다. 블랙홀과 뇌, 둘 중 무엇을 더 공부할지 고민했습니다.

뉴욕 양키스의 포수이자 철학자이기도 한 요기 베라$^{Yogi Berra}$는 이런 명언을 남겼습니다.

"갈림길을 만나면, 어느 쪽 길이든 선택하라."

나는 생물학을 공부하는 길을 택했습니다.

뇌 속으로 풍덩 뛰어들다: 인공두뇌의 발전

뇌는 우주만큼이나 신비롭고 복잡합니다. 바브와 앨처럼 나는 기본부터 다시 시작해야 했습니다. 다른 사람들에 비해 아는 게 너무 없어서 처음에는 힘들었습니다. 하지만 물리학을 전공한 덕분에, 생물학을 공부할 때 동급생들은 떠올릴 수 없는 참신한 발상을 할 수 있었던 건 좋았습니다. 서로 다른 두 분야의 지식을 뜻밖의 방식으로 연결하는 경험은 신기했습니다.

당시 나는 뉴런에 대한 책을 많이 읽었습니다. 하지만 뉴런이 피부로 와닿은 건 매사추세츠주 우즈홀에서 열린 여름 강좌에서 현미경으로 뉴런을 직접 관찰했을 때입니다. 이때 나는 중요한 사실을 깨달았습니다. **살아 움직이는 지식을 얻으려면 학습 과정에 직접 참여해야 한다는 사실입니다.** 다시 말해 책으로 읽지만 말고 능동적으로 배워야 한다는 뜻입니다. 이를 적극적 학습이라고 하죠. 나는 그 수업에서 다양한 종류의 뉴런에서 나오는 전기 신호를 기록했습니다. 고등학교 라디오 클럽에서 무선 신호에 대해 배운 내용이 큰 도움이 되었습니다. 뭐든 배워두면 언젠가는 써먹을 데가 있더군요.

현재 나는 세계적으로 손꼽히는 신경과학 및 의학 연구소인 솔크 연구소Salk Institute에서 일하고 있습니다. 여기에서 나는 물리학과 생물학 지식을 이용해 뇌와 컴퓨터를 비교하는 일을 합니다.

뇌와 컴퓨터는 비슷한 면도 있고 아주 다른 면도 있습니다. 컴퓨터는 계산 속도가 믿기 힘들 정도로 빠르고, 해야 할 일을 빛의 속도로 연달아 처리합니다.

뇌는 다릅니다. 뇌는 컴퓨터보다 훨씬 느리지만, 해야 할 여러 가지 일들을 한 번에 처리할 수 있습니다. 뉴런 하나하나가 작은 컴퓨터와 같기 때문에 가능한 일입니다. 앞서 배웠듯, 각각의 뉴런은 시냅스를 통해 다른 뉴런들과 연결되어 있습니다. 이 협동 작업 덕분에 뇌는 '보기'와 '듣기'같이 컴퓨터가 잘하지 못하는 일을 할 수 있습니다.

뇌의 놀라운 능력은 어디까지일까요? 아직 밝혀지지 않은 부분이 많습니다. 나는 여러 사람과 협력하고 오랜 시간 뇌의 작동 방식을 연구하면서 '인공두뇌artificial brain'를 만드는 법을 알아냈습니다. 인공두뇌는 여러분의 머릿속에 있는 뇌와는 다른, 전기로 작동하는 뇌입니다. 방식은 다르지만 인공두뇌도 인간의 뇌처럼 배우고 학교에 가야 합니다. 지치거나 심심해질 일이 절대 없죠. 앞으로 인공두뇌라는 이 새로운 종류의 인공지능AI: Artificial Intelligence에 관련된 이야기가 더 많이 들릴 겁니다. 공상 과학 소설 속의 일들이 점점 현실이 되고 있습니다!

신경과학자들은 지난 30년 동안 놀라운 사실들을 발견했습니다. 그 전에는 뇌의 작동 방식에 대해 알려진 게 거의 없었지만 지금은 뇌의 학습 방법을 비롯해 많은 사실이 밝혀졌습니다. 예를 들면, 운동과 수면이 기억력에 중요한 영향을 미친다는 사실 같은 것입니다. 이러한 발견에 따라 운동은 나의 일과에서 중요한 부분을 차지합니다. 운동을 하면 훨씬 더 잘 생각하고 배울 수 있다는 걸 알기 때문입니다. 운동과 관련해서는 11장에서 바브가 자세히 알려 줄 겁니다.

그럼, 모두 즐겁게 공부하기 바랍니다.

적극적 회상하기

책을 덮고, 고개를 들고, 이번 장의 중심 내용을 떠올려 보세요. 본인의 삶과 원하는 진로를 대입하면 더 잘 떠오를 겁니다.

☐ 완료 후 체크

어떻게 공부할지 막막한 너에게

◦ 요점 정리 ◦

· **학교에서 가장 흥미로운 활동을 찾으세요.** 내가 라디오 클럽을 찾았듯, 자기만의 활동을 찾아보세요. **주저하지 마세요.** 학교에 관심이 가는 동아리가 없다면 만들어 달라고 부탁하세요. 아니면 학교의 도움을 받아 직접 주도적으로 동아리를 만들어 보세요.

· **다른 사람들과 협력하세요.** 창의적인 사람들과 어울리며 새로운 생각이 샘솟는 경험을 하세요.

· **기회가 될 때마다 적극적으로 학습하세요.** 교과서에서 배운 내용과 관련된 책을 읽지만 말고 배운 내용을 행동으로 옮기세요.

· **뇌의 놀라운 능력에 감탄하세요!** 초소형 컴퓨터 수십억 개가 나를 위해 일하고 있다고 생각하세요.

· **어떤 분야를 잘 알면 또 다른 분야를 배울 때 더 많은 아이디어를 얻을 수 있어요.** 모든 과목의 지식은 서로 연결돼요. 물리학 지식은 생물학을 공부할 때, 미술이나 스포츠를 배울 때, 심지어 친구를 사귈 때도 도움이 될 수 있어요!

뇌를 잘 쓰려면
움직이고 먹어라

11장을 읽을 때 CHECKLIST

☐ **흐름 파악하기** | 중요한 텍스트만 먼저 훑어보고 오세요!
☐ **공책과 펜 준비** | 적으면서 읽어 나가세요!
☐ **문제 풀기** | 다 읽은 후, 꼭 풀어 보기!

줄리우스 예고^{Julius Yego}는 2015년에 열린 세계육상선수권대회에서 창던지기 세계 챔피언이 됐어요. 그의 기록은 92.72미터였죠. 얼마나 세게 던졌는지 스스로 그 힘에 못 이겨 넘어질 정도였어요! 물론 곧바로 일어나 기쁨을 표현했지만 말이에요.

줄리우스의 사연은 참으로 비범해요. 그는 케냐의 동아프리카 지구대에 있는 가난한 마을에서 자랐어요. 창던지기에 흥미가 생겼지만 창던지기를 하려면 창을 손수 만들어야 했어요. 결국 줄리우스는 나뭇가지를 꺾어 창을 만들었어요. 케냐에서 가장 인기 있는 종목은 달리기이지 창던지기가 아니었어요. 줄리우스는 제대로 된 창은 물론이고 창던지기용 신발도 없었고, 창던지기를 가르쳐 줄 코치도 구할 수 없었어요. 하지만 줄리어스의 의지는 흔들리지 않았어요. 꾸준히 연습한 끝에 매년 조금씩 실력이 나아졌고 결국 세계 챔피언이 됐죠. 코치도 없고 지원도 거의 받지 못한 선수가 어떻게 스포츠에 엄청난 투자를 하는 나라들의 선수를 이겼을까요?

• 줄리우스 예고, 아주 독특한 방식으로 창던지기를 배웠어요! •

줄리어스가 성공한 또 다른 이유는 운동과 관계가 있어요. 당연한 이야기지만 줄리어스는 운동을 아주 많이 했어요. 이번 장의 주제가 바로 운동과 학습의 깊은 연관성이에요. **연구에 따르면 운동은 무언가를 배울 때 아주 많은 영향을 미쳐요.**

운동과 해마와 창의성의 관계

뇌에는 사실과 사건을 기억하는 데 아주 중요한 역할을 하는 부위가 있어요. 이 부위를 '해마'라고 해요. 왜 뇌의 부위에 바다에서 사는

• 뇌의 해마(왼쪽)와 바다에 사는 해마(오른쪽) •

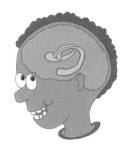

• 해마는 좌뇌와 우뇌에 하나씩,
총 두 개 있어요! •

동물의 이름이 붙었을까요? 왜겠어요, 누가 봐도 닮아서 그렇죠.

해마는 낮에 습득한 정보를 장기 기억으로 만드는 역할을 하는 부위에요. 밤잠을 자는 동안 낮에 우리가 습득한 정보는 해마의 뉴런에서 뇌의 겉껍질인 대뇌 피질의 뉴런으로 옮겨져요. 대뇌 피질은 장기 기억이 저장되는 곳으로, 한 마디로 사물함이죠. **잠을 자면 시냅스가 새로 연결될 뿐 아니라 새로운 정보를 담을 수 있도록 해마가 비워져요.**

불운한 사고로 해마에 손상을 입은 사람은 기억 상실증에 걸려요. 일단 해마가 망가지면, 망가진 후 겨우 몇 분 뒤에 일어난 일도 전혀 기억하지 못하기 때문이에요. 하지만 신기하게도 해마가 손상을 입기 전에 일어난 일은 기억해요. 사고 이전에 뇌에 입력된 정보는 이미 대뇌 피질로 옮겨졌기 때문이죠.

해마가 기억에 얼마나 핵심적인 역할을 하는지 알겠죠? 해마에서는 매일 새로운 뉴런이 태어나요. 고등학교 농구팀과 같다고 할까요? 학교 농구팀은 해가 바뀔 때마다 기존의 선배 선수들은 떠나고 새로운 선수들이 들어와 자리를 채우고, 새로 입단한 선수들은 보통 새로운

어떻게 공부할지 막막한 너에게

동작을 배우느라 바빠요. 그리고 새로운 동작을 배우려고 애쓰지 않는 신입 선수는 팀에서 곧 사라질 거예요. 해마에서 새로 태어난 뉴런도 마찬가지로, 새로운 내용을 배우지 않으면 태어난 지 얼마 되지도 않아 사라져 버려요. 하지만 여러분이 새로운 지식을 얻으면, 새 뉴런은 살아남아 여러분의 기억력을 높여 주죠. 이때 해마에서는 기존의 뉴런과 새 뉴런이 시냅스로 연결돼 새로운 뇌 연결 고리 사슬이 만들어져요. 해마에 생긴 이 새로운 뇌 연결 고리 사슬이 자는 동안 대뇌 피질로 옮겨지면, 대뇌 피질의 장기 기억에 있던 기존의 뇌 연결 고리 사슬이 더 튼튼해져요. 이와 같이 정보가 해마에서 대뇌 피질로 전달돼 뇌에 확실히 자리 잡는 걸 '기억 공고화memory consolidation'라고 해요.

이 책의 공동 저자인 테리는 20년 전에 놀라운 사실을 발견했어요.[1] 뭐냐고요? **운동을 하면 새 뉴런이 더 잘 자라나요!**

운동을 하면 뇌가 BDNF라는 화학 물질을 만들어요.[2] BDNF는 Brain-derived neurotrophic factor(뇌 유래 신경 영양 인자)의 약자예요. 약자가 잘 안 외워지면, '뇌는 음식이 꼭 필요해!Brains Definitely Need Food!'라고 외워도 좋아요. 또 다른 공동 저자인 앨이 외우기 쉽게 만든 말이에요.

BDNF가 분비되면 새로운 뉴런은 튼튼하고 건강해져요.[3] 상처도 잘 나지 않고 다른 뉴런과 더 잘 연결될 수 있죠. BDNF는 시냅스와 가지 돌기 가시를 키우는 영양분이기도 해요. 다음 쪽의 사진은 해마의 가지 돌기를 찍은 사진이에요. 위는 BDNF에 노출되지 않은 해마를 찍은 사진으로, 가지 돌기 가시(발가락)가 거의 보이지 않아요. 아래쪽 사진은 BDNF에 노출된 후의 해마를 찍은 사진이에요. 가지 돌기 가시가 더 자라나고 두꺼워진 게 보이나요?

• BDNF에 노출되기 전(위)과 BDNF에 노출된 후(아래) •

가지 돌기 가시가 커진 뉴런은 시냅스를 통해 다른 뉴런과 더 쉽게 연결할 수 있어요. 규칙적인 운동을 하면 BDNF가 많이 분비되어, 뉴런들이 다른 많은 뉴런들과 더 잘 연결되어 수다를 떨 수 있게 돼요. 비료를 주면 식물이 더 잘 자라는 것과 마찬가지죠. 그러니 운동을 하면 몸은 물론이고 뇌에도 좋아요!

이 엄청난 발견을 한 사람이자, 이 책의 공동 저자인 테리는 운동을 꾸준히 해요. 그는 해변에서 조깅하는 걸 좋아해요. 새로운 해마를 더 잘 자라게 할 뿐만 아니라, 다른 여러 이득이 있기 때문이에요. 우선 조깅은 뇌를 분산 모드로 전환하는 훌륭한 방법이에요. 테리의 말에 따르면, 조깅할 때 종종 최고의 아이디어가 떠오른다고 해요. 테리가 운동을 하는 건 본인이 좋아하고 운동이 뇌에 좋기 때문이지만, 교수로서 학문을 가르치고 연구하려면 늘 새로운 아이디어가 필요하기 때문이기도 해요. 운동을 하면 뇌에서 새로운 생각을 떠올리게 해 주는 물질인 세로토닌과 도파민이 분비돼요.[4] 이런 물질이 분비되면 기존의

어떻게 공부할지 막막한 너에게

생각들을 연결해 새로운 발상을 할 수 있어요. 머릿속을 뛰어다니는 작은 생각의 쥐들이 숲을 보는 새로운 관점을 갖게 되는 거죠.

또한 운동은 이해하고 결정을 내리고 집중하는 능력을 높여요. 그리고 앞에서 이야기한 과제 전환을 잘하는 데도 도움이 되고요. 그리고 조금 놀랄 수도 있는데, 우울증 같은 정신 질환을 치료하는 데 도움이 된다고 해요! 몇몇 정신과 의사들은 운동이 그 어떤 약보다도 강력하다고 말할 정도예요.

어떤 음식이 뇌에 좋을까

음식도 공부에 영향을 미치는지 궁금할 텐데, 답은 '영향을 미친다'예요. 적절한 운동과 건강한 식단은 학습 능력과 기억력을 크게 높여요. 운동만 하거나 밥만 잘 챙겨 먹는 것보다, 운동도 하고 밥도 잘 챙겨 먹으면 훨씬 더 좋아요.[5]

그렇다면 어떤 식단이 건강한 식단일까요? 연구에 따르면, 답은 과일과 채소예요. 다음에 소개하는 음식들로 다양한 식단을 짜 보세요. 마늘이나 리크(대파와 비슷하게 생긴 채소. -옮긴이)와 같은 **양파과 채소**에는 당뇨병부터 암에 이르기까지 각종 질병을 예방하는 물질이 들어 있어요. 콜리플라워와 브로콜리, 무, 방울양배추와 같은 **양배추과 채소**도 마찬가지예요. 오렌지와 배, 블루베리, 체리, 산딸기와 같은 **다양한 색깔의 과일**도 건강에 좋아요. **다크 초콜릿**에는 과일의 유익한 성분뿐 아니라 다른 좋은 성분도 들어 있어요. (단, 설탕이 적게 들어간 초콜릿이어야 해요.

그리고 수면에 방해가 될 수 있으니 저녁에는 초콜릿을 먹지 말아요.) **견과류**도 건강에 좋은 성분이 아주 많아서 매일 한 움큼의 견과를 먹으면 건강하고 멋진 식단이 완성돼요.

영양소가 빈약한 '가짜 음식'은 되도록 피해야 해요. 감자튀김, 치킨너깃, 도넛, 설탕이 많은 시리얼, 청량음료와 같은 것들이에요. 주로 설탕이나 흰 밀가루가 많이 들어간 음식들이죠. 또한 여러분이 후식으로 먹는 것들 역시 식단을 짤 때 고려할 식품군이 아니에요.

어떤 나라의 식단이 건강에 가장 좋은지에 대해서는 저마다 의견이 다르지만, 지중해식 식단도 나쁘지 않아요. 이름을 보고 눈치챘겠지만, 그리스나 이탈리아와 같은 지중해에 인접한 국가에서 생겨난 식단이에요. 주로 과일과 채소, 생선, 올리브유, 통곡물을 많이 먹도록 짜여 있죠.

선생님보다 더 중요한 것은 연습!

다시 줄리우스의 이야기로 돌아가 봅시다. 줄리우스는 어떻게 계속 실력을 키웠을까요? 코치도 없었고 부자 나라의 혜택, 즉 스포츠 과학자나 스포츠 심리학자, 스포츠 영양사의 지원도 전혀 받지 못했는데 말이에요.

놀라지 말아요. 줄리우스는 유튜브에 올라온 창던지기 영상을 자주 보고 따라 한 것만으로 챔피언이 될 수 있었어요. 그는 창던지기 관련 인터넷 카페에서 존경하는 창던지기 선수들의 영상을 몇 시간씩 보며 연구했어요. 그리고 혼자 언덕에 올라가 연구한 동작을 수도 없이

어떻게 공부할지 막막한 너에게

연습했어요. 나중에는 외국의 코치를 고용하긴 했지만 오랜 시간 그에게 가르침을 준 건 인터넷이었어요. 덕분에 '미스터 유튜브'라는 별명도 얻었죠.

그런데 이 이야기가 해마와 무슨 상관이 있을까요? 이 이야기에는 이번 장의 중요한 두 요소가 다 들어 있어요. 바로 운동과 학습이에요. 첫째, 앞서 계속 이야기했듯이 운동은 중요해요. 둘째, 꼭 책이나 선생님을 통해서만 배울 필요는 없어요. 인터넷이나 다른 경로를 통해서도 충분히 독학할 수 있죠. **배운 내용을 끊임없이 연습하고 어떤 방식으로든 조언을 얻는다면 누구나 스스로 공부할 수 있어요.**

줄리우스 예고는 챔피언일 뿐 아니라 천재예요. 내가 줄리우스와 개인적으로 아는 사이는 아니지만, 그의 뇌는 유튜브 영상을 보기만 했을 때보다 훨씬 똑똑해졌을 거라 확신해요. **왜냐하면 줄리어스는 영상을 보기만 한 게 아니라 직접 연습하고 실행했기 때문이에요.** 새로운 정보를 얻고 그 정보를 행동으로 옮겼어요. 여러분이 목표로 삼아야 할 게 바로 이런 행동이에요!

끊임없이 연습하세요. 연습과 노력은 배신하지 않을 테니까요.

운동하기

준비물: 몸 / 편안한 옷

지금 당장 나가세요. 한바탕 조깅을 해요. 진공청소기로 집안 곳곳을 청소해요. 사물함이나 가구 위치를 옮겨 봐요. 좋아하는 운동을 해요. 분산 모드를 마음껏 즐겨요!

단, 꼭 다시 돌아와 이 책을 마저 읽어야 해요.

적극적 회상하기

책을 덮고, 이번 11장의 중심 내용을 떠올려 보세요. 혹시 아무것도 떠오르지 않아 바보가 된 기분이 드나요? 몸을 움직여 보세요. 윗몸 일으키기, 팔굽혀펴기, 팔 벌려 높이뛰기 등등. 이런 동작은 이해력과 기억력에 놀랍도록 긍정적인 효과를 미쳐요. 지금 바로 위와 같은 동작을 한 뒤에 적극적 회상을 해 보세요. 참고로 이런 움직임들은 공부할 때 도움이 많이 돼요. 적극적 회상을 할 때뿐만 아니라, 내용이 이해되지 않아 같은 단락을 몇 번이고 계속 읽을 때 한번 몸을 움직여 보세요.

□ 완료 후 체크

어떻게 공부할지 막막한 너에게

。 요점 정리 。

- 운동은 **뉴런에 아주 좋은 영향을 끼쳐요.** 특히 새로운 뉴런이 더 잘 자라게 해요.
- 운동을 하면 **뇌를 위한 음식**이라 할 수 있는 물질(BDNF)이 더 잘 생겨요.
- 운동을 하면 새로운 생각이 잘 떠오르게 하는 물질이 분비돼요.
- 운동은 분산 모드를 작동시키는 데 아주 효과적이에요.
- 학습은 선생님과 책뿐 아니라 인터넷을 통해서도 할 수 있어요.

1. 사실과 사건을 기억하는 데 중요한 역할을 하는 뇌 부위는 어디인가
   요?
2. 뇌는 어떤 면에서 고등학교 농구팀과 비슷할까요?
3. "BDNF가 뇌에 분비되면 ＿＿＿가 길어지고 두꺼워진다." ＿＿＿에 들
   어갈 말은 무엇인가요?
4. 운동이 건강에 좋은 이유들을 설명할 수 있나요?
5. 어떤 식단이 건강한 식단인가요?

정답 확인: 273쪽

쉬운 길만 가면
고수도 하수가 된다

어릴 때 나는 피아노에 별 관심이 없었지만 부모님은 내가 피아노를 잘 치길 바라셨죠. 나는 잔꾀를 발휘해 어느 정도는 부모님이 시키는 대로 피아노를 치긴 했어요.

피아노 선생님은 매주 한 곡씩 새로운 곡을 연습하는 과제를 내 주셨어요. 이미 배운 곡들도 함께 연습해야 했고요. 물론 나는 예전 곡을 연습하는 게 훨씬 쉽고 재미있었어요. 부모님은 내가 연주하는 소리를 주의 깊게 듣지는 않으셨기 때문에 무슨 곡을 연습하는지까지는 알지 못하셨어요.

나는 새로 연습해야 하는 곡은 5분만 연습하고, 만화책을 피아노의

어떻게 공부할지 막막한 너에게

보면판(악보를 올려놓는 곳. -옮긴이)에 올려놓았어요. 그러고는 만화책을 보면서 전에 배운 곡을 25분 동안 치고 또 쳤어요. 그렇게 30분의 연습 시간을 채웠어요.

과연 내 피아노 연주 실력은 좋아졌을까요? 좋아졌다고 느낀 건 내 착각이었을까요? 부모님은 내가 한 짓을 알고 어떻게 하셨을까요?

• 아는 것만 연습해도 실력이 늘 수 있을까요? •

뇌 연결 고리 사슬이 녹슬 수 있다고?

우리가 지금까지 이야기하고 또 이야기한 뇌 연결 고리 사슬을 떠올려 보세요. 뇌 연결 고리 사슬은 연습을 많이 하면 생기는 생각의 길이죠. (알다시피, 쥐가 다니는 넓고 평평한 숲길을 떠올려도 돼요.) 생각 문어는 필요할 때마다 팔을 뻗어 지금 하는 생각에 딱 맞는 뇌 연결 고리 사슬을 붙잡아요. 단, 그러려면 시간을 들여 만든 뇌 연결 고리 사슬이 있어야 해요. **어떤 분야의 고수가 되려면 반드시 그 분야와 연관된 뇌 연결 고리 사슬이 많아야 하죠.**[1] 뇌 연결 고리 사슬이 많아진다는 건, 단순히 많은 사실을 기억할 수 있다는 뜻이 아니에요. 필즈상(수학계에서 가장 권위 있는 상으로, 수학 분야의 노벨상이라고도 불린다. -옮긴이) 수상자인 윌리엄 서스턴William Thurston은 아름답고 튼튼하게 만들어진 뇌 연결 고리 사슬의 힘을 다음과 같이 설명했어요.

"수학은 놀랍도록 압축적이다. 하나의 개념을 오랜 시간, 단계별로, 다양한 접근 방식으로 붙들고 연구한다. 하지만 일단 그 개념을 완전히 이해해 전체적인 그림을 보는 시각을 갖게 되면, 정신의 압축이라는 놀라운 현상이 벌어진다. 해당 개념을 분류해 정리하고, 필요할 때마다 신속하고 완벽하게 기억해 내고, 다른 정신 작용의 한 단계로 활용할 수 있게 된다. 정신의 압축으로 생기는 통찰력은 수학이 주는 진정한 기쁨 중 하나이다."

다음 185쪽의 퍼즐 사진들을 한번 보세요. 어떤 분야의 뇌 연결 고리 사슬을 만드는 건 퍼즐의 조각을 하나씩 맞추는 것과 같아요. 사슬이 충분히 만들어지면 퍼즐이 채워지면서, 퍼즐의 그림이 뭔지 대강 보여요. 그 분야의 큰 그림이 보이기 시작하는 거죠. 물론 퍼즐 조각을 몇 개 더 맞춰야 하긴 하지만, 전체적인 그림은 파악할 수 있어요. 그 분야의 고수가 된 거죠! 또한 새로 생긴 뇌 연결 고리 사슬로 연습을 많이 하면 그 사슬이 다른 사슬들과 어떤 관련이 있는지 더 잘 보여서 더 큰 뇌 연결 고리 사슬을 만들 수 있어요.

어떻게 공부할지 막막한 너에게

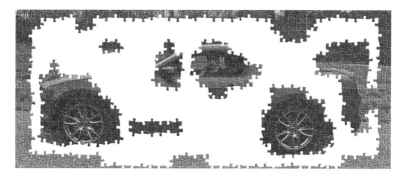

• 뇌 연결 고리 사슬이 만들어질 때마다 퍼즐 조각이 하나씩 맞춰져요! •

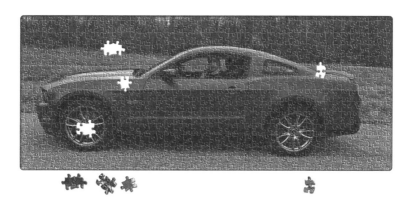

• 뇌 연결 고리 사슬이 충분히 많이 만들어지면 고수가 된 것이에요! •

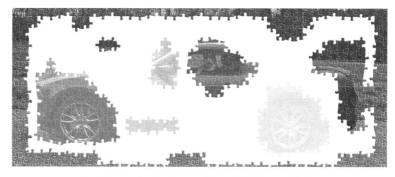

• 뇌 연결 고리 사슬을 안 쓰면, 퍼즐 조각의 색이 흐릿해져요! •

그런데 새로 생긴 뇌 연결 고리 사슬을 사용하지 않으면, 다시 말해 계속 연습하지 않으면 어떻게 될까요? 185쪽 맨 아래에 있는 희미한 퍼즐 사진을 보면 어떤 일이 생기는지 감이 잡힐 거예요. 색이 바랜 퍼즐을 맞추는 것과 같아요. 결코 쉬운 일이 아니죠.

이쯤에서 하게 되는 중요한 질문이 있어요. **뇌 연결 고리 사슬을 만들려면 무엇부터 시작해야 할까요?** 다음에 소개하는 두 가지 이론을 참고하면 시작하는 데 도움이 될 거예요. 하나는 연습하는 방법이고, 다른 하나는 뇌의 유연성과 관련된 이론이에요. '의도적 연습'과 '인터리빙'을 차례로 알아봅시다.

의도적 연습: 고수가 되려면 어려운 것에 도전하라

우선 연습하는 방법부터 알아봅시다. 연습을 많이 하면 튼튼한 뇌 연결 고리 사슬이 생긴다고 강조했는데요, 그냥 무작정 연습을 많이 하면 될까요? 아니에요. 연습하는 방식이 매우 중요해요.

일단 어떤 개념과 관련된 뇌 연결 고리 사슬이 생기면, 그 개념은 쉽게 느껴져요. 그럼 자꾸 그 개념만 연습하고 싶은 유혹에 빠지게 돼요. 이걸 주의해야 해요! 계속 이런 식으로 공부하면 '게으른 학습'을 하게 돼요. 게으른 학습이란 내가 아는 것만 계속 복습하고 공부하는 것을 뜻해요.

게으른 학습을 하면 낮 동안 가지 돌기에 '혹'이 새로 자라지 않아요. 혹이 자라지 않으면 자는 동안 뉴런이 새로 연결될 일도 없고요. 만

어떻게 공부할지 막막한 너에게

• "하하, 이쯤은 누워서 과자 먹기지!" •

약 어떤 개념을 공부하는데, 만화책을 보면서 할 수 있을 정도로 쉽게 느껴진다면 그건 문제가 있는 거예요.

학습 속도를 높이는 최선의 방법은 게으른 학습을 하지 않는 거예요. 이미 아는 내용을 복습하는 데 너무 많은 시간을 보내면 새로운 내용을 익힐 시간이 없어요!

잘 모르거나 더 어려운 내용에 집중해서 공부하고 연습하는 방식을 의도적 연습[2]이라고 해요. 의도적 연습을 하면 어떤 과목을 공부하든 더 빨리 그 과목의 고수가 될 수 있어요.[3]

인터리빙: 고수가 되려면 유연성을 길러라

공부할 때는 유연성을 기르는 것도 중요해요. 유연성의 중요성을 이해하기 쉽도록 예를 들어 볼게요.

자, 여러분에게 리프라는 이름의 친구가 생겼어요. 첨단 기술을 쓰는 외계 행성에서 왔죠. 리프는 망치나 드라이버를 써 본 적이 한 번도 없어요. 그래서 여러분은 리프에게 망치와 드라이버 사용법을 가르쳐 주기로 했어요. 인지 부하(9장에서 배운 단어죠?)를 고려해 한 번에 너무 많은 걸 가르치지 않도록 신경 쓰면서 말이에요.

먼저 리프에게 망치로 못을 박는 법부터 가르쳤어요. 아이고, 리프는 손재주가 없나 봅니다. 몇 시간을 못질 연습에 몰두한 끝에 리프는 간신히 못 박는 법을 터득했어요.

다음으로 리프에게 드라이버 사용법을 가르쳐 주기 위해 나사못 한 개를 건넸어요. 그런데 여러분은 어이가 없어졌어요. 리프가 드라이버 대신에 망치를 잡고 나사못을 사정없이 내려치기 시작했거든요.

당연한 일이에요. **리프는 망치밖에 써 본 적이 없어서, 모든 게 못처럼 보였거든요.** 리프가 잘못된 기법을 쓴 이유는 **두 개의 서로 다른 기법 중 언제**

· 도구는 두 개, 사용법은 글쎄? ·

어떻게 공부할지 막막한 너에게

어떤 기법을 써야 하는지 공부하고 연습하지 않았기 때문이에요.

리프의 예에서 알 수 있는 사실! 어떤 분야의 고수가 되려면 하나의 기법이나 항목을 연습하는 것만으로는 부족해요. **서로 다른 여러 개의 기법이나 항목 중에 문제 해결에 적합한 걸 고르는 연습도 해야 해요.** 다양한 주제를 공부할 때 특히 중요하죠. **이처럼 배우고자 하는 기술의 다양한 측면과 기법을 연습하는 걸 인터리빙**interleaving **이라고 해요.**[4]

다음의 예를 보면 인터리빙 방식이 뭔지 이해할 수 있을 거예요.

여러분이 수학 수업 시간에 7단원을 배웠다고 합시다. 수업이 끝난 후, 선생님은 교과서 7단원 문제들 중 몇 문제를 뽑아서 풀어 오라고 숙제를 내 주셨죠.

보통의 숙제

7단원 - 4번 문제

7단원 - 9번 문제

7단원 - 15번 문제

7단원 - 17번 문제

7단원 - 22번 문제

하지만 인터리빙 방식으로 문제를 배치할 때는 이와 전혀 달라요. 주제별 차이점을 알 수 있도록 다른 종류의 문제를 섞어요. 다음의 표에서처럼 7단원 문제들 사이사이에 다른 단원 문제들을 끼워 넣는 거예요.

인터리빙 방식으로 배치한 숙제

7단원 - 4번 문제	
	4단원 - 8번 문제
7단원 - 9번 문제	
	6단원 - 26번 문제
7단원 - 15번 문제	
	5단원 - 18번 문제
7단원 - 17번 문제	

이처럼 다른 주제의 문제를 사이사이에 끼워 넣으면 아마 뇌가 이렇게 말할 거예요. **잠깐만, 네가 왜 여기서 나와? 이 문제를 왜 또 풀어야 하는데!** 하지만 문제를 섞어 풀면, 전에는 보이지 않았던 차이점이 보이기 시작하고, 각 단원이 어떻게 다른지 확실히 익힐 수 있어요. 다만 보통 교과서는 각 단원의 끝에 그 단원의 주제와 관련된 문제만 실려 있어요. 교과서의 목적상 어쩔 수 없는 일이죠. 그러니 인터리빙을 활용해 공부하는 방식을 직접 설계해 보세요. 인터리빙으로 공부하는 건 자기 자신의 몫이란 걸 잊지 말아요!

인터리빙을 할 때 유의할 점! 인터리빙은 '과제 전환'과 다르다는 것이에요. 인터리빙이 효과적인 건 생각 문어가 의식적으로 서로 다른 기법들을 비교하게 만들기 때문이에요. 한 과목이나 기술에서 사용되는 여러 기법을 비교하는 인터리빙을 계속하면, 언제 어떤 기법을 써야 할지 판단하는 뇌 연결 고리 사슬이 생겨요. 반면 한 과목을 공부하다가 아예 다른 공부를 하는 과제 전환은 생각 문어에게 괜한 고생만 시킬 뿐 아무런 효과가 없어요. 과제를 바꿀 때마다 생각 문어는 힘들

어떻게 공부할지 막막한 너에게

게 사슬을 바꿔 잡아야 하거든요. 둘을 헷갈리지 않도록 해요.

뇌 연결 고리 사슬을 만드는 최선의 방법

자, 이제 정말로 어떤 분야에서 고수가 되는 뇌 연결 고리 사슬을 만드는 최선의 방법을 알려 줄게요. 바로 **집중하기**와 **연습하기**예요.

제일 중요한 방법이니 제일 먼저 알려 줄 것이 바로 집중하기예요. 기억력 챔피언인 넬슨 델리스는 암기를 잘하려면 집중이 중요하다고 말했어요. 암기할 때뿐 아니라 어떤 정보와 관련된 뇌 연결 고리 사슬을 만들때는 반드시 집중해야 해요. 공부할 때는 생각 문어의 팔을 총동원해야 하기 때문에 텔레비전도 보면 안 되고, 스마트폰도 만지면 안 돼요. 온 정신을 새로운 뇌 연결 고리 사슬을 만드는 데 집중하세요. 포모도로 타이머를 쓰고, 자기 자신에게 이렇게 말하세요. **"이건 중요한 내용이**

• 집중!•

라 꼭 집중해야 해!"

혹시 공부하는 내용이 아주 쉽나면 집중하지 않고도 새로운 뇌 연결 고리 사슬이 생길 수는 있지만, 그렇더라도 사슬이 생기는 데 훨씬 더 오랜 시간이 걸려요.

연습하기도 중요해요. 신체 활동과 관련된 뇌 연결 고리 사슬을 만들고 싶다면, 집중해서 배운 뒤 행동으로 옮겨야 해요. 예를 들어, 농구에서 골을 넣는 법을 배웠다면 골을 넣는 연습을 해요. 여러 각도에서 넣는 연습도 하고요. 하고, 하고, 또 해요. 평가도 계속 받아야죠. 잘못된 방식을 따르면 골을 넣을 수 없기 때문이에요.

외국어를 배울 때도 마찬가지예요. 단어를 몇 번이고 계속 듣고 말하세요. 그리고 가능하면 원어민에게 평가를 받아요.

악기를 배울 때는 새로운 곡을 연습해요. 데생을 배울 때는 서로 다른 기법을 연습해요. 기회가 될 때마다 선생님에게 평가를 받아서 고칠 점이 있으면 고쳐요.

핵심은, 배운 내용을 직접 해 보고 연습해 산지식으로 만드는 거예요. 처음에는 다른 사람이 하는 걸 지켜보거나 해답을 보거나 설명을 읽으며 배워도 돼요. 하지만 계속 수동적인 학습만 하면 자기만의 학습 체계를 쌓을 수 없어요. 창던지기 선수 줄리우스 예고의 이야기를 다시 떠올려 보세요. 줄리우스는 수동적으로 유튜브 영상을 보기만 하지 않았어요. 창던지기 기술을 집중해서 본 다음, 그 기술을 적극적으로 연습했죠.[5]

새로운 기술을, 매일 밤 숙면을 취하면서, 며칠에 걸쳐 연습하면, 시냅스가 연결돼 새로운 뇌 연결 고리 사슬이 생겨요. 계속 연습하면 사슬이 두꺼워질 거예요.

어떻게 공부할지 막막한 너에게

학습 내용을 '바꿀' 필요도 있어요. 축구를 잘하려면 공을 드리블하거나 크로스로 넘기거나 패스하거나 슛하는 법을 배워야 해요. 태클과 칩킥(공이 상대방의 머리 위로 넘어가게 차는 동작. -옮긴이)도 배워야 하고요. 단순히 옛날 방식으로 공을 차기만 해서는 안 돼요! 이 기술들은 각각 다 다르지만 서로 관련이 있어요. 따라서 축구의 고수가 되려면 이 모든 각각의 기술을 집중해서 연습하기도 하고 인터리빙 방식으로 섞어서도 연습해야 해요. 긴장된 시합 도중에도 각각의 동작이 저절로 튀어나올 때까지 연습해야 하죠.

무술, 춤, 외국어, 뜨개질, 용접, 종이 접기, 체조, 기타 연주 등 무엇을 배우든 마찬가지예요. 인터리빙 방식을 활용하며 의도적 연습을 하세요. 이게 바로 고수가 되는 방법이에요.

수학과 과학을 잘하는 법

여러분이 흔히 어려워하는 수학이나 과학과 관련된 뇌 연결 고리 사슬을 만들려면 어떻게 해야 할까요? 적극적 회상으로 뇌 연결 고리 사슬을 만들어 수학과 과학을 잘할 수 있어요. 앞서 배웠듯, 적극적 회상은 학습 효과를 높이는 매우 확실한 공부법이에요.

우선 혼자 힘으로 어려운 문제를 풀어 보세요. 이때 과정과 답을 펜으로 직접 적어 가며 푸세요. 곧바로 정답을 찾아보고는 "이게 답일 줄 알았어⋯⋯."라고 중얼거리지 마세요.

문제가 너무 어려워서 힌트를 얻으려면 답을 슬쩍 볼 수밖에 없었다고요? 뭐, 그 정도는 괜찮아요. 단, 놓친 부분이나 이해가 되지 않았던 부분을 집중적으로 공부해야 해요.

이제 답을 보지 말고 다시 그 문제를 풀어 보세요. 그리고 나중에 또 풀어 보세요. 며칠 동안 이 과정을 매일 반복하세요.

· 훔쳐보는 건 금물! ·

처음에는 문제가 너무 어려워 혼자 힘으로는 절대 못 풀 것 같은 느낌이 들어요. 하지만 계속 풀다 보면, 이렇게 쉬운 문제가 왜 그렇게 어렵게 느껴졌는지 의아해지는 순간이 찾아와요. 나중에는 펜으로 답을 적을 필요조차 없어지고 문제를 보기만 해도 잘 아는 노래가 떠오르듯 답이 곧바로 떠오르는 단계에 이르러요. 아주 튼튼한 뇌 연결 고리 사

어떻게 공부할지 막막한 너에게

슬이 만들어진 거죠.[6]

핵심은 무턱대고 답을 외우지 않는 거예요. 답을 보고는 다 아는 내용이라고 나 자신을 속여 넘기는 건 금물이에요. 문제를 붙들고 씨름하면서 자기만의 뇌 연결 고리 사슬을 만들어야 해요. 튼튼하고 근사한 뇌 연결 고리 사슬이 만들어지고 나면, 필요할 때마다 그 사슬을 작업 기억으로 끌어올 수 있어요. 문제를 푸는 연습을 많이 하면 풀이 과정의 단계를 하나씩 거칠 때마다 다음 단계가 무의식중에 떠올라요. 이 현상을 이해하기 위해 구구단을 예로 들어 봅시다. 구구단을 뇌에 조금씩 새기는 과정에서 뇌는 자연스럽게 숫자들 사이의 패턴과 관계를 분석하기 시작해요. 그러면 구구단 표에 나오는 숫자들이 익숙해지고 숫자들이 서로 어떤 관계인지 깨닫게 돼요. 물론 내용을 이해하지 않고 무작정 외워서는 안 돼요. 뜻을 모르고 단어를 외우면 안 되는 것처럼 말이죠. 그리고 다양한 유형의 문제를 많이 풀어 볼수록 숫자에 대한 감각이 깊고 풍부해져요.

글쓰기를 잘하는 법

글쓰기를 잘하는 법도 수학과 과학을 잘하는 법과 별로 다르지 않아요. 미국의 유명한 정치가인 벤저민 프랭클린Benjamin Franklin은 학창 시절에 작문 실력이 형편없었어요. 글쓰기 실력을 키우기로 마음먹은 벤저민은 우선 훌륭한 글에서 좋은 문장을 골라 그 문장의 핵심 단어를 한두 개 적었어요. 그런 다음 핵심 단어를 힌트 삼아 원래 문장에 가깝게 쓰려고 노력했어요. 그리고 자기가 쓴 문장을 원래 문장과 비교해, 어휘가 더 풍부하다거나 문체가 더 좋다는 식으로 원문의 어떤 점이 더 좋은지 확인했어요. 벤저민은 이 방식으로 계속 글쓰기를 연습했고, 실력이 점점 늘어 나중에는 오히려 원문에서 고칠 점을 찾는 경지에 올랐어요!

글쓰기 실력이 향상되자 벤저민은 원문의 핵심 단어들을 이용해 시를 쓰는 연습도 하고, 핵심 단어들을 뒤섞어 글을 논리적으로 전개하는 법을 개발했어요.

벤저민은 단순히 다른 사람의 훌륭한 글을 외우는 데 그치지 않았어요. **글쓰기와 관련된 새로운 뇌 연결 고리 사슬을 적극적으로 만들었어요.** 덕분에 필요할 때마다 좋은 글쓰기와 관련된 뇌 연결 고리 사슬을 머릿속에서 쉽게 끌어낼 수 있었죠.

여러분도 실력을 키우고 싶은 분야가 있다면 벤저민처럼 자신만의 방법을 직접 찾아 보세요.

종이 사슬 만들기[7]

준비물: 색종이 / 테이프 / 펜

이번 실전 연습에서는 '의도적 연습'을 통해 원하는 분야의 고수가 되는 방법을 알려 줄게요. 바로 눈에 보이는 종이 사슬을 만들어서, 집중해서 연습하고 싶은 어려운 과제들을 한눈에 볼 수 있게 만드는 거예요.

1. 잘하고 싶은 분야가 무엇인가요? 그 분야의 고수가 되려면 익혀야 하는 기술이나 지식은 무엇인가요? 그 기술이나 지식을 익히기 위해 해야 하는 구체적인 과제의 목록을 넓은 종이나 공책에 따로 적어 놓으세요. 이때 '이 정도면

이 과제에 숙달되었다'라는 기준까지 적어 놓아야 해요. 이 과제를 잘하게 되면 더 복잡한 과제를 정해서 연습해야 하니까요.

2. 색종이를 가늘고 긴 조각으로 자르세요.

3. 각각의 조각에, 아까 1번에서 썼던 과제의 이름을 하나씩 적으세요. 과제의 종류에 따라 종이의 색깔을 정해도 좋고, 고리마다 색깔을 다 다르게 해서 알록달록하게 만들어도 좋아요.

4. 조각 하나의 양 끝을 테이프로 이어 붙여 첫 번째 고리를 만든 다음(이 조각에는 잘하고 싶은 분야의 이름을 적으면 좋겠죠?), 그 고리에 다른 고리를 계속 끼워 나가세요. 이때 조각에 적은 과제의 이름이 고리의 바깥쪽으로 나오게 하세요. '의도적 연습 고리' 사슬이 완성되었어요! 이것이 이 분야의 고수가 되기 위해 연습할 과제의 목록이죠. 더 많은 것을 익히고 싶다면 이 '의도적 연습 고리' 사슬에 새로운 과제를 추가해도 돼요.

5. 자, 이제부터 시간을 들여서 '의도적 연습 고리'에 연결한 과제들을 하나하나 완성해 나가세요. 하나의 과제를 완전히 익히고 나면, 그 과제가 적힌 고리를 잘라내 '숙달한 과제' 사슬로 만드세요. 완전히 익힌 과제가 늘어날수록 '숙달한 과제' 사슬은 점점 길어지겠죠?

이 사진은 젤라가 만든, 기타 연습을 위한 의도적 연습 고리 사슬이에요. 젤라는 우선 첫 번째 고리에 '기타'라고 제목을 썼어요. 그다음에는 확실히 익혀야 하는 새로운 코드 두 개(C9 / G)를 적었어요. 그다음으로는 '아는 코드를 타브 악보(현악기의 운지법에 맞춰 그리는 악보. - 옮긴이)로 그리기'와 '아는 코드를 사용해 곡 연주하기'를 적었어요. 모두 본인의 수준에서 중요하고 어려운 과제죠.

• 기타 연습을 위한 의도적 연습 고리 •

게으른 피아노 연습의 결과

이 장 제일 처음에서 내가 만화책을 보면서 피아노를 연습했다고 했죠. 그 결과가 어땠을 것 같나요? 예상하고 있겠지만 실력이 전혀 늘지 않았어요! 피아노를 배울 때 나는 효과적인 학습법을 하나도 따르지 않았어요. 우선 의도적 연습을 하지 않았어요. 어려운 곡이나 새로운 곡에 의도적으로 집중하기는커녕 잘 아는 곡만 연습하는 게으른 학습을 했어요. 아, 지킨 게 하나 있긴 했어요. 새로운 곡을 배우고 나서 잠은 충분히 잤거든요. 하지만 그러면 뭐 하나요? 제대로 연습한 시간이 하루에 겨우 5분뿐이니 자는 동안에도 크게 달라질 게 없었죠. 새로운 곡을 거의 익히지 않았으니 다른 곡을 사이사이에 끼워 넣는 인터리빙 방식을 쓸 수도 없었어요. 실력이 빨리 늘지 않자 나는 점점 피아노에 흥미를 잃었어요. 부모님은 내가 부모님과 나 자신을 어떻게 속였는지 꿈에도 모르셨고요. 어쨌든 지금의 나는 슬프게도 피아노를 전혀 칠 줄 몰라요. 악기를 연주하는 법을 배우면 뇌 발달에 여러모로 도움이 되는데 안타까운 일이죠.

이렇게 말하는 친구들도 있을 거예요. "하지만 교수님, 공부할 게 너무 많단 말이에요! 새롭고 추상적이고 어려운 개념이 한두 개가 아닌데 그 많은 뇌 연결 고리 사슬을 어떻게 다 만들죠?"

간단히 답하자면, 전부 다 외울 수는 없어요. 최선의 방법은 핵심 개념을 골라 그 개념에 대한 뇌 연결 고리 사슬을 튼튼하게 잘 만드는 것이에요.

어떤 내용을 공부하든 그 내용에 집중하세요. 직관을 발휘해 가장 중요하다고 생각되는 정보의 뇌 연결 고리 사슬을 만들어요. 어떤 과목이든 일단 첫 번째 개념의 뇌 연결 고리 사슬을 만들고 나면 두 번째 개념의 사슬은 더 쉽게 만들 수 있어요. 세 번째는 더 쉬워지고요. 단번에 그렇게 되는 건 아니지만, 분명 점점 더 쉬워집니다.

　　나는 '행운의 여신은 노력하는 자의 편'이라는 행운의 법칙을 믿어요. 행운의 여신은 노력하는 자에게 미소를 짓는다는 걸 잊지 말아요!

적극적 회상하기

먼저 이번 장을 다 읽어 낸 자신을 꼭 칭찬하세요. 아무리 작은 일이라도 무언가를 해냈다면 칭찬받을 자격이 있어요! 이제 책을 덮고 고개를 들어 12장의 주된 내용을 떠올려 보세요. 적극적으로 필기를 하면 뉴런이 더 잘 연결돼 배운 내용을 더 쉽게 기억할 수 있죠.

☐ 완료 후 체크

주요 심리학 용어

적극적 학습 | 무언가를 적극적으로 연습하거나 실행에 옮김으로써 배운 내용을 산지식으로 만드는 학습법이에요. 처음 시작할 때는 다른 사람이 하는 걸 지켜보거나 답을 보거나 책을 읽기만 해도 돼요. 하지만 뉴런을 연결해 튼튼한 뇌 연결 고리를 만들고 자기만의 학습 체계를 쌓으려면 학습할 내용을 적극적으로 붙들고 씨름해야 해요.

적극적 회상 | 공부한 개념을 떠올리는 학습법으로, 회상할 때는 필기한 내용이나 책을 보지 않는 게 더 좋아요. 연구에 따르면, 공부한 핵심 개념을 떠올리기만 해도 그 개념을 더 잘 이해할 수 있어요.

기억 상실증 | 자기 삶과 관련된 새로운 사실이나 사건을 기억하지 못하는 증상이에요.

인지 부하 | 작업 기억에 쓰이는 정신적 노력의 양이에요.

의도적 연습 | 가장 어려운 내용에 집중하는 공부법이에요. 이와 반대되는 공부법은 제일 쉬운 내용을 반복해서 연습하는 '게으른 학습'이에요.

인터리빙 | 어떤 과목의 다양한 기법을 번갈아 공부함으로써 기법들 간의 차이점을 깨닫는 학습법이에요. 수학 교과서의 4단원에서 배우는 공식과 5단원에서 배우는 공식은 다른데요, 인터리빙 방식에 따라 4단원과 5단원의 문제를 번갈아 풀면 두 공식을 각각 언제 써야 하는지 알 수 있어요.

사실 기억 | 추상적인 기억을 뜻해요. 사실은 장면보다 장기 기억에 저장하기가 더 어려워요. 한편 심리학자들은 평생에 걸쳐 습득하는 상식, 즉 색깔의 이름이나 기본적인 사실과 같은 장기 기억을 '의미 기억'이라고 불러요.

장기 기억 | 기억을 보관하는 장기 저장 공간으로 뇌의 사물함과 같아요. 장기 기억에는 무수히 많은 기억, 그리고 뇌 연결 고리 사슬이 저장돼요.

장면 기억 | 장면과 관련된 기억들을 뜻해요. 장면은 사실보다 장기 기억에 저장하기가 더 쉽죠. 심리학자들은 장면 기억을 '삽화 기억'이라고 불러요.

작업 기억 | 뇌의 임시 저장 공간이에요. 작업 기억에는 동시에 네 개의 항목만 담을 수 있어요. 작업 기억, 즉 생각 문어는 장기 기억으로 '팔'을 뻗어서 이전에 만들어 둔 뇌 연결 고리 사슬을 잡아요.

어떻게 공부할지 막막한 너에게

· 요점 정리 ·

- 새로운 내용을 처음 공부할 때는 답을 보거나 다른 사람이 연습하는 걸 지켜보기만 해도 돼요. 하지만 보기만 해서는 뇌 연결 고리가 생기지 않아요. **문제를 적극적으로 풀거나 직접 행동으로 옮겨야 뇌 연결 고리를 만들 수 있어요.**
- **뇌 연결 고리 사슬을 만들고 강화하려면 의도적 연습을 해야 해요.** 어떤 개념의 어려운 부분을 집중적으로 반복해서 연습하세요. 이미 아는 쉬운 내용에 너무 많은 시간을 허비해서는 안 돼요.
- **인터리빙은 고수가 되는 뇌 연결 고리 사슬을 만드는 또 다른 중요한 학습법이에요.** 어떤 주제의 다양한 측면을 번갈아 학습하면 그 주제를 전체적인 관점으로 볼 수 있게 돼요. 그러면 뉴런이 연결돼 뇌 연결 고리 사슬이 생기고 '퍼즐'이 완성되죠.
- **적극적 회상을 연습하세요.** 배운 내용을 잘 이해했는지 스스로 테스트해 보거나 다른 사람에게 테스트를 부탁하세요.
- **공부하면서 어려웠던 개념을 엄마나 아빠, 친구에게 가르치세요.** 가급적 필기한 내용을 보지 말고 해 보세요. 뇌 연결 고리 사슬을 강화하고 내가 미처 몰랐던 부분을 깨달을 수 있어요.
- **1장에서 배운 흐름 파악하기를 적극적으로 하세요.** 어떤 내용을 배울지 미리 감을 잡을 수 있어요.

• 배운 내용 확인하기 •

1. 여러 개념을 조합해 큰 그림을 그리는 과정을 왜 퍼즐에 비유하면 좋은지 설명해 보세요. 답이 나오는 부분을 들춰 보지 말고 최대한 기억을 더듬어 보세요.
2. 인터리빙을 일곱 살짜리 아이에게 설명하려면 어떻게 해야 할까요? 아이가 이해하기 쉬운 예를 하나 들어 보세요.
3. '게으른 학습'이 무엇인가요?
4. 여러분이 만화책을 보면서 피아노를 연습하는 걸 보면 슈퍼맨은 뭐라고 말할까요?
5. 어떻게 하면 수학이나 과학처럼 추상적 개념을 다루는 과목을 잘할 수 있을까요?

정답 확인: 274쪽

나를 연구하는
과학자가 돼라

13장을 읽을 때 CHECKLIST

☐ **흐름 파악하기** | 중요한 텍스트만 먼저 훑어보고 오세요!

☐ **공책과 펜 준비** | 적으면서 읽어 나가세요!

☐ **문제 풀기** | 다 읽은 후, 꼭 풀어 보기!

눈을 감으세요. 아니, 지금 말고! 다음 문장을 읽고 난 뒤에 감으세요. 눈을 감고 천장에 붙어서 자기 자신을 내려다보는 장면을 마음속에 그려 보세요.

자, 나 자신이 마음속에 그려진다면, 이제 눈을 감으세요.

헤어스타일은 어떤가요? 입고 있는 옷은요? 표정은 어때요? 집중하고 있는 표정인가요? 열심히 공부하고 있나요? 공부하는 방식은 어떤가요?

천장에서 자기 자신이 공부하는 모습을 내려다보니 어때요? 효율적으로 공부하고 있는 것 같나요? 솔직하게 답하세요. 머릿속에 거짓말 탐지기, 즉 가지 돌기 가시가 있다는 사실을 잊지 말아요!

나는 어떻게 공부하는 게 효과적일까

지금부터 여러분은 공부 과학자가 될 거예요. 무엇을 연구하냐고요? 바로 자기 자신이에요. **이제 여러분은 천장에서 자기 자신이 무엇을 하고 있는지 내려다볼 거예요.**

• 나는 공부를 어떻게 하고 있나요? •

과학자면 관찰을 해야겠죠? 자신을 매일 관찰하고, 매일 공부 일기를 쓰세요. 자기 자신이 공부하는 모습을 지켜보세요. 그리고 어떤 방법이 효과가 있고 어떤 방법이 효과가 없는지 생각해 보는 거예요.

아, 알아요! 안 그래도 할 일이 많다는 거. 이 방법이 모든 학생에게 효과가 있는 것도 아니고 말이에요. 하지만 결과가 궁금하다면 며칠 동안만 공부 일기를 써 보세요.

공부 일기는 다음과 같이 써요. 하루를 마무리할 때 공책에 그날의 날짜를 적고, 그날 하루를 상징하는 작은 그림을 그리는 거예요. 공들여 그릴 필요는 없고 좋았는지 나빴는지 알 수 있을 정도로, 30초만에 그릴 수 있는 그림이면 충분해요. 어떤 그림을 그렸나요? 치켜든 엄지손가락? 꽃? 개구리? 부츠? 자신에게 의미가 있는 그림이기만 하면 돼요.

그런 다음, 그날의 공부에 대한 평가도 몇 마디 적어요. 천장에서 나를 관찰하는 침착한 외부인, 객관적인 과학자의 관점으로 봐야 한다는 걸 잊지 말아요! 오늘은 공부가 잘된 것 같나요? 포모도로는 몇 번 했나요? 오늘 한 공부 중에 특별히 잘한 점은? 전보다 더 잘한 점은? 오늘의 학습에서 특별히 눈에 띄는 점은? (참고로 그날의 평가를 마친 후, 다음 날 할 일도 함께 적으면 더 좋아요. 연구에 따르면 자기 전에 다음 날 할 일을 목록으로 만들면 더 빨리 잠들 수 있어요. 작업 기억에 담을 항목이 줄어들기 때문에 긴장이 풀리거든요.)

숙제가 늘어나는 것 같아 공부 일기를 쓰기 부담스럽다면 안 해도 돼요. 대신 같이 공부하는 친구나 부모님에게 그날의 공부가 어땠는지 이야기하세요. 자기 자신에게 같은 질문을 던져도 좋고요. 핵심은, 내가 어떻게 공부해야 잘되고 어떻게 하면 잘 안 되는지를 객관적으로 관찰하고 생각해 보는 거예요.

예를 들어 공부할 때 음악을 들으면 안 된다고 주장하는 사람들도 있어요. 하지만 사람마다 취향이 다른 만큼 음악의 효과도 다를 수 있

어떻게 공부할지 막막한 너에게

죠. 여러분은 음악이 공부하는 데 도움이 된다고 생각하나요, 아니면 방해가 된다고 생각하나요?

음악의 효과가 궁금하다면 다음과 같은 질문을 하면 돼요. 공부하면서 음악을 들었나요? 들었다면, 음악에 정신이 팔려 집중이 깨졌나요? 아니면 마음이 진정돼 공부에 도움이 됐나요? 반드시 솔직하게 답해야 해요. 그리고 관찰한 내용을 되돌아보면서 학습 패턴을 파악하세요.

같은 질문을 여러 경우에 적용해 보세요. 나는 숙면을 취하고 난 다음 날 공부가 잘되나? 조깅을 하고 난 뒤에 공부가 잘되나? 공부할 때 스마트폰을 켜 두면 집중이 잘 안 되나? 스마트폰에 설치한 포모도로 타이머를 쓰면 집중이 더 잘되나? 혹시 내가 음악 장르를 타는 건 아닐까? 특정 장르의 음악을 들을 때 공부가 더 잘되나? 아니면 음악을 아예 듣지 않을 때 더 잘되나?

혹시 음악이 공부에 미치는 영향에 대해 과학자들은 어떤 의견을 갖고 있는지 궁금한가요? 그 전에 우선 학습에 영향을 미치는 뜻밖의 요소들부터 알아보고, 그다음 음악에 대해 알아보자고요.

공부하는 장소를 바꾸면 공부가 잘된다

평소에 공부하는 장소를 떠올려 보세요. 늘 내 방에서 공부하나요? 도서관이나 친구네 집에서 하나요? 자연 속에서? 아니면 수시로 장소를 바꾸나요? 이상하게 들리겠지만, **공부하는 장소는 수시로 바꾸는 게 좋**

아요.[1]

그 이유는 친절한 생각 문어의 특성 때문이에요. 진짜 문어의 다리에는 무언가에 달라붙게 해 주는 빨판이 달려 있죠? **생각 문어도 빨판이 있어서 여기에 정보가 달라붙거나 미끄러져요.**

어떤 내용을 공부할 때 생각 문어는 그 내용과 관련된 정보뿐 아니라 관련 없는 정보도 집어 들어요. 예를 들어 도서관에서 기하학을 공부할 때 생각 문어는 기하학에 관한 정보만 잡는 게 아니라 도서관의 촉감과 냄새, 모습에 대한 정보도 붙잡죠.

• "기하학은 도서관 맛이구나!" •

기하학을 도서관에서만 공부하면 생각 문어는 그 환경에 익숙해져요. 그러면 여러분은 의식하지 못하겠지만, 장기 기억에서 기하학과 관련된 뇌 연결 고리 사슬을 꺼낼 때마다 '도서관'의 정보가 달라붙어요. 생각 문어가 '도서관 맛이 나는 기하학 사슬'에 익숙해지는 거죠.

그런데 그게 왜 문제냐고요?

시험은 보통 도서관이 아니라 교실에서 보기 때문이에요.

평소에 늘 도서관에서 공부하다 교실에서 시험을 보면 생각 문어는 혼란스러워해요. 익숙한 도서관 맛이 나지 않는 교실에서는 기하학과 관련된 뇌 연결 고리 사슬을 평소처럼 빨리 찾을 수 없거든요. 결국 시험을 망치게 되죠.

그러니 가능하면 다양한 장소에서 공부하세요! 학교는 선택의 여지가 별로 없으니 가능하면 집에서 공부할 때 장소를 바꿔 보는 거예요. **장소를 바꿔 가며 공부하면 생각 문어는 장소와 상관없이 장기 기억 사물함에서 필요한 사슬을 잘 찾을 수 있어요.** 예를 들어 월요일은 도서관에서, 화요일은 집에서, 수요일은 공원에서, 혹은 같은 집이라도 요일마다 방을 바꿔 공부하는 거예요. 그러면 생각 문어는 여러분이 어디에 있든 기하학 뇌 연결 고리 사슬을 쉽게 찾는 능력을 기르게 돼요. 당연히 시험도 더 잘 볼 테고요!

자기만의 창의적인 방법으로 환경을 바꿀 수도 있어요. 공부하다 한 번씩 의자를 방 안의 다른 곳으로 옮겨도 좋고, 색깔이 다른 펜으로 필기해도 좋아요. 책상 조명을 옮겨도 되죠. 공부하는 환경을 조금이라도 바꿀 수 있다면 무엇이든 시도해 보세요.

모든 감각을 동원해 공부하면 공부가 잘된다

연구에 따르면, 인간은 저마다 다른 방식으로 정보를 처리해요. 그래서 '청각형' 학습자와 '시각형' 학습자, '운동 감각형' 학습자로 학습 유형을 분류하기도 하죠. 청각형과 시각형은 알겠는데 운동 감각형 학습이 뭐냐고요? 촉감을 통해 배우는 학습 방식이에요. 예를 들어 꿀이나 스펀지, 강철 나사못처럼 촉감이 다른 물체들은 눈으로 볼 뿐 아니라 손으로 만지면서 배울 수 있죠. 아무튼 어떤 사람은 소리를 들을 때, 어떤 사람은 장면을 상상할 때, 어떤 사람은 무언가를 만질 때 학습이 제일 잘된다는 뜻이에요.

하지만 안타깝게도 **본인이 선호하는 학습 방식에 의존하면, 다시 말해 여러 개가 아니라 하나의 감각만 써서 공부하면, 다른 방식으로 학습하는 능력이 떨어진다는 연구 결과가 나왔어요.**[2] 예를 들어 자꾸 소리만 들으며 공부하려 드는 청각형 학습자는 읽는 연습은 덜 하려 해요. 하지만 읽는 연습을 하지 않고 어떻게 시험을 잘 볼 수 있겠어요?

학습 효과가 가장 높을 때는 서로 다른 감각, 즉 청각과 시각뿐 아니라 특히 손으로 만지는 촉각을 모두 쓸 때예요. 깊은 차원으로 들어가면 뇌는 보는 동시에 듣고, 보는 동시에 냄새를 맡고, 듣는 동시에 촉감을 느껴요. 뇌에게 세상을 경험시킬 때는 최대한 많은 감각을 써야 해요.

무언가를 배울 때는 되도록 오감을 총동원하세요. 자신에게 맞는 학습 방식이 따로 있다고 생각하지 말고, '오감형 학습자'가 되겠다고 결심하세요. 역사적인 인물이 나에게 하는 말을 듣는 장면을 상상하거나 화학 물질을 시각화하기만 해도 다감각 학습을 할 수 있어요. 다감각 학습은 학습 효과가 가장 높을 뿐 아니라 누구에게나 효과적이에요.

어떻게 공부할지 막막한 너에게

잠을 최우선 순위에 둬야 하는 이유

여러분은 잠을 충분히 자고 있나요? 이 책에서는 계속 좋은 잠을 자는 걸 강조했지요. 잠이 왜 그렇게 중요한 건지 그 이유를 하나 더 알려 줄게요.

놀랍게도 깨어 있기만 해도 뇌에 아주 해로운 독성 물질이 생겨요. 오래 깨어 있을수록 이 물질은 점점 더 많이 쌓이고요. 정말 끔찍하죠?

다행히 계속 쌓이기만 하지는 않아요. 잠이 들면 뇌세포가 쪼그라들어 세포 간 틈이 넓어지고, 독성 물질이 그 사이로 씻겨 내려가요.[3] 잠에서 깨면 독소는 다 사라져 버리죠. 컴퓨터를 재부팅하면 오류가 사라지는 것처럼, 밤에 숙면을 취하고 일어나면 뇌도 재부팅이 돼요.

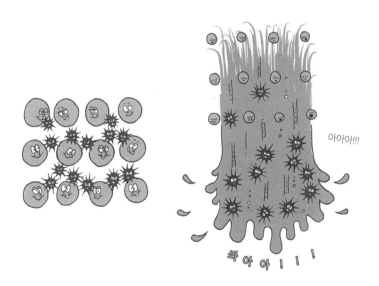

아아아!!!

쏴아아ㅣㅣㅣ

• 잠이 들면 뉴런이 쪼그라들어 그 사이로 독소가 씻겨 내려가요! •

밤에 뇌가 업그레이드되는 거예요.

잠을 충분히 자지 않으면 어떻게 될까요? 독소를 청소할 시간이 모자라요. 그러면 정신이 멍하고 흐릿해 또렷한 생각을 할 수 없는 상태로 하루를 시작하게 돼요. 물론 뉴런에서 새로운 가지 돋기 가시가 자라지 않아 시냅스가 생기지도 않고요. 생각의 쥐가 숲길을 뛰어다니며 새로운 길을 트는 데 실패하고 말았어요.

잠은 가장 높은 수준의 분산 모드예요. 자는 동안 뇌에는 온갖 생각과 이미지, 지식의 조각들이 자유롭게 흘러요. 서로 다른 뇌 부위들이 연결돼 창의적으로 문제를 해결해요. 사람들은 흔히 어떤 문제를 어떻게 처리해야 할지 잘 모를 때 "하룻밤 자면서 생각해 볼게."라는 표현을 써요. 실제로 자는 동안 뇌는 신기하게도 그 문제에 집중하지 않고서도 처리할 방법을 찾아내요.

낮잠을 잘 때도 밤잠과 마찬가지로 해마에 임시로 저장된 정보가 장기 기억을 처리하는 뇌 부위로 옮겨져요. 정보가 이동해 '비워진' 해마에는 간직하고 싶은 정보를 더 쉽게 담을 수 있어요. 물론 낮잠은 밤잠을 대신할 수 없기 때문에 낮잠을 여러 번 자서 모자란 밤잠을 채우려고 들면 안 돼요!

그렇다면 잠은 얼마나 오래 자야 할까요? 사람마다 다르지만, 일반적으로는 잠이 드는 데 걸리는 시간과 실제 수면 시간을 더한 '수면 기회 시간'이 하룻밤에 최소한 8시간은 돼야 해요.[4] 그리고 8시간의 수면 기회 시간을 일주일 동안 꾸준히 유지해야 해요. 다시 말해 주중에는 덜 자고 주말에 더 자서 부족한 시간을 채우는 식으로 자면 안 된다는 뜻이에요! **잠은 매일 컨디션을 회복하고 건강을 유지하게 해 주는 최상의 도구예요.**

수면 전문가인 매슈 워커의 설명에 따르면 인류의 40퍼센트는 일찍 일어나는 걸 좋아하는 '아침형' 인간이고, 30퍼센트는 늦게 자고 늦게 일어나는 걸 좋아하는 '올빼미형' 인간이며, 나머지는 두 유형이 섞여 있다고 해요. 그런데 청소년의 몸속에는 늦게 자고 늦게 일어나는 올빼미형이 되도록 유도하는 수면 시계가 있어서 청소년들은 일찍 자고 싶어도 일찍 자기 어렵다고 해요. 안타깝게도 대부분의 학교에서는 1교시를 너무 일찍 시작하죠. 일부 학교에서 1교시 시작 시각을 늦췄더니 시험 점수가 상당히 올라갔다는 연구 결과도 있어요. 아무튼 청소년은 보통 하룻밤에 8시간 이상 자는 걸 권해요.

숙면을 취하려면 해가 진 뒤에는 아이패드나 컴퓨터 화면, 스마트폰 등 블루라이트를 발산하는 기기는 뭐든 피하는 게 좋아요. 블루라이트 차단 애플리케이션을 다운받아도 좋아요.

잠을 충분히 자지 않으면 장기적으로는 비소를 먹었을 때와 비슷한 결과를 초래할 수 있어요. 잠이 부족하면 독성 물질이 몸 곳곳에 쌓여 암을 비롯한 각종 질병과 정신 질환에 더 쉽게 걸릴 수 있고, 앞서 말했듯이 새로운 뉴런이 자라지 않아 학습 효과가 훨씬 떨어져요.

그러니 공부 일기를 쓰기로 했다면 잠에 대한 내용도 쓰세요. 전날 밤에 몇 시간을 잤는지, 오늘 기분이 어떤지 기록하는 거예요. 꾸준히 잠에 대해 쓰다 보면 내 수면 시간이 충분한지 부족한지 감이 잡혀요. 낮에 피곤해서 졸 때가 있다면 잠이 부족한 게 분명해요.

잠을 최우선 순위에 두세요. 시험 전날에 늦게까지 공부하지 말아요. 피곤한 뇌로 포모도로를 세 번 하는 것보다 생기 넘치는 뇌로 포모도로를 한 번 하는 게 나으니까요.

팁을 하나 더 줄게요. 잠들기 전에 어떤 일에 집중하면 그 일이 꿈에 나올 가능성이 커요! 그러니 잠들기 전에 공부한 내용을 떠올려 보세요. 공부한 내용이 꿈에 나오면 기억에 더 잘 남아 시험을 더 잘 볼수 있어요.[5]

개구리부터 먹으면 공부가 잘된다

개구리를 먼저 먹으라니, 이게 무슨 말일까요?

공부할 때는 쉽고 재미있는 내용보다 불편하고 어려운 내용을 먼저 공부하는 게 낫다는 뜻이에요.

어려운 내용을 먼저 공부하면 막힐 때 잠시 쉬면서 다른 부분을 공부할 수 있어요. 쉬는 동안 분산 모드가 작동하면 어려운 부분을 다시

어떻게 공부할지 막막한 너에게

공부할 때쯤 막힌 부분이 풀려요. 게다가 초반에 어려운 과제를 끝내면 기분이 엄청 좋아요!

아, 개구리를 먹는 비유는 왠지 거부감이 느껴진다고요? 그러면 비유를 바꿔도 돼요. '쿠키는 마지막에 먹어!'라는 비유는 어떤가요? 이것도 별로라면 여러분만의 비유를 만들어 보세요.

종료 시간을 정해 두면 공부가 잘된다

마지막으로 하나만 더 알려 줄게요. **공부를 끝낼 시간을 미리 정해 놓고 매일 그 시간까지만 공부하면 학습 효과가 크게 높아져요.** 이 장에서 소개하는 학습법 중, 집중력을 높이는 데 가장 효과적인 방법이에요. 학교에서는 정해진 시간을 따라야 하지만, 숙제할 때는 직접 종료 시간을 정할 수 있어요.

학습법 전문가인 칼 뉴포트는 대학을 다니는 내내 오후 5시를 종료 시간으로 정하고 그 시간을 꼭 지켰어요. 그는 결국 세계 최상위권 대학인 매사추세츠 공과대학에서 컴퓨터 공학으로 박사 학위를 받았어요. 종료 시간을 지키는 방법이 그에게는 아주 효과적이었던 거예요. 칼의 주장에 따르면 그는 타고난 천재는 아니었어요. 하지만 종료 시간을 정해 지켰더니 낮 동안 공부에 최대한 집중할 수 있었고 덕분에 저녁에는 휴식을 취하거나 친구들과 즐거운 시간을 보낼 수 있었다고 해요. 공부할 때만 온 신경을 집중하게 되니 스트레스도 줄었고요. 그가 쓴 책인 《대학성적 올에이 지침서How to Become a Straight-A Student》를 한

번 읽어 보는 것도 좋아요.

칼은 공부를 끝내는 자기만의 의식을 추천해요. 여러분도 한번 자신만의 의식을 만들어 보세요. 예를 들어 비행기 조종사가 됐다고 생각하고 카운트다운에 들어가요. 정확히 종료 시간이 되면 "시스템 종료!"라고 말하고 끝내는 거죠.

예외로, 종료 시간이 지났더라도 잠들기 전에 공부 일기에 몇 마디를 적거나 하루를 돌아보는 건 괜찮아요. 기억을 강화하고 싶은 내용을 마지막으로 한 번 더 훑어봐도 좋죠. 그 내용이 꿈에 나와 기억이 더 잘 날 테니까요. 단, 컴퓨터나 스마트폰처럼 백라이트가 켜진 화면은 최소한 잠들기 1시간 전부터 피해야 해요. 백라이트 화면은 뇌에 '잠들지 마!'라는 신호를 보내 수면을 방해하기 때문이에요.

음악이 공부에 미치는 영향

이번 장에서 공부에 집중하기 위한 많은 내용을 다뤘죠? 끝내기 전에 앞서 약속한 대로 음악이 공부에 미치는 효과에 대해 과학자들이 어떤 결론을 냈는지 말해 줄게요.

실은, 과학자들도 확실한 결론을 내지 못했어요![6] 사람의 성향이나 상황에 따라 음악이 도움이 될 수 있어요. 하지만 실제로는 음악이 방해가 되는데 도움이 된다고 착각하는 경우도 있어요.

음악과 관련해 과학자들이 할 수 있는 유일한 조언은 다음과 같아요. 노래 가사는 생각 문어의 팔 하나를 차지해 문어가 하는 일의 효율을 떨어뜨려요. 한편 가사가 없는 조용한 음악은 공부 내용에 따라 다르지만 도움이 될 수도 있어요. 하지만 명심할 점은, 시험을 볼 때는 음악 소리가 들리지 않는다는 사실이에요! (교실이 음악실과 가깝다면 또 모르지만요.)

그래서 결론이 무엇이냐고요? 공부할 때 음악을 듣고 싶다면, 음악이 공부에 어떤 영향을 미치는지 직접 실험해 보세요. 그리고 신중하면서도 솔직한 판단을 내리세요.

여러분이 공부 과학자가 되어야 하는 건 바로 이 때문이에요! **과학자가 되어 자기 자신이 공부하는 모습을 관찰하면 음악을 비롯한 여러 요인이 자신에게 어떤 영향을 미치는지 알게 돼요.**

공부 과학자가 되어 공부 일기를 쓰자!

자, 오늘은 새로운 습관을 들이기에 아주 좋은 날이에요. 공부하는 방식을 돌아보는 습관을 들여 보는 건 어때요? 과학자들은 현상을 주의 깊게 관찰하고 거기에서 반복되는 패턴을 발견해요. 여러분도 그렇게 하면 돼요. 이 장에서 배운 지식들을 총동원해서, 내가 어떻게 공부했는지 그리고 그것들이 효과적이었는지 짚어 보세요. 일기를 쓰든 머릿속으로 하루 동안 있었던 일을 반성하든, 핵심은 자신이 공부하는 방식을 되돌아보는 거예요. 눈을 감고 천장에서 나 자신을 내려다본다는 생각으로 자신이 공부하는 모습을 유심히 관찰해 보세요. 하다 보면 익숙해져서 눈을 뜨고서도 하루 동안 한 일들을 마음의 눈으로 볼 수 있게 될 거예요.

쪽지 시험이나 정식 시험을 본 날에는 더더욱 공부 과학자가 돼야 해요. 시험을 잘 봤다면 무엇을 잘했는지 돌아보고, 잘 보지 못했다면 무엇이 문제였는지 돌아보세요. 어떤 부분에서 점수를 얻지 못했지? 그 부분은 어떻게 공부했지? 다음에 더 잘하려면 어떻게 해야 할까?

공부 일기를 어떻게 써야 할지 모르겠다면 다음 219쪽의 샘플을 참고해요.

공부 일기 샘플[7]

날짜 _____ 년 _____ 월 _____ 일 | 오늘의 공부 그림:

내 몸과 마음을 얼마나 잘 돌봤나?

어젯밤 수면 시간 _____ 시간

오늘 운동 시간 _____ 분

오늘 먹은 음식(해당 사항에 체크하기) □ 과일 □ 채소 □ 견과류

□ 단백질이 풍부한 음식 □ 정크 푸드 먹지 않음!

어디에서 얼마나 공부했나?

장소 1 _____ 장소 2 _____

장소 3 _____

오늘 한 포모도로 횟수(그림에 체크) 🍅 🍅 🍅 🍅 🍅 🍅

무엇을 공부했나?

책가방(새로 배운 내용)	사물함(회상하고 복습한 내용)

공부에 도움이 되는 일을 했나?

개구리부터 먹었나?

시험을 봤나?

다른 사람에게 가르쳤나?

내일 할 일을 목록으로 만들었나?

시스템 종료 시간 _____ 시 _____ 분

원문 다운로드: https://barbaraoakley.com/books/learning-how-to-learn

적극적 회상하기

이번 장의 중심 내용은 무엇이었나요? 지금 앉아 있는 곳에서 떠올려 본 다음,
다른 방에서 다시 떠올려 보세요. 집 밖으로 나가서 하면 더 좋아요.

☐ 완료 후 체크

어떻게 공부할지 막막한 너에게

◦ **요점 정리** ◦

· **자기 자신의 공부 습관을 관찰하는 과학자가 돼야 해요**. 그래야 자신에게 가장 효과적인 학습 방식을 알 수 있어요. 과학자의 시선을 가지고, 공부할 때 무엇이 나에게 도움이 되고 방해가 되는지 찾아내는 게 중요해요.

· 음악은 공부에 도움이 될 수도 있고 방해가 될 수도 있어요. 공부할 때 음악이 어떤 영향을 미치는지 천장에서 내려다보는 시선으로 객관적으로 관찰해 보세요.

· **가능하면 장소를 바꿔 가며 공부해요**. 그러면 평소에 공부하던 장소가 아닌 곳에서 시험을 보더라도 생각 문어가 편하게 일할 수 있어요.

· **공부할 때는 오감을 총동원해요**. 학습 효과는 오감을 다 쓸 때 가장 높아요. 눈과 귀, 손은 물론이고 코도 학습에 도움이 될 수 있어요.

· 잠을 자면 머릿속 독소가 씻겨 내려가요!

· **개구리부터 먹어요**. 어려운 부분을 먼저 공부해야 필요할 때 쉬면서 분산 모드를 작동시킬 수 있어요.

· **가능하면 '시스템 종료 시간'을 정해 매일 그 시간을 정확히 지켜요**. 공부에 훨씬 더 집중할 수 있어요.

。 배운 내용 확인하기 。

1. 어떤 종류의 음악이 공부할 때 도움이 되지 않나요? 그 이유는 무엇인 가요?
2. 다양한 장소에서 공부하면 어떤 점이 좋나요?
3. 자신에게 맞는 학습 방식이 따로 있다고 믿으면 안 되는 이유가 무엇 일까요? (예를 들어 귀로 듣는 방식이 자신에게는 최선이라고 생각하면 안 되는 이유가 무엇일까요?)
4. 수학처럼 추상적인 과목을 공부할 때 시각·청각·촉각을 동시에 사용 하려면 어떻게 해야 할까요?
5. 잠은 뇌의 독소와 무슨 관련이 있나요?
6. '개구리부터 먹어'라는 말은 무슨 뜻인가요?
7. 이번 장에 소개된 방법 중, 공부할 때 집중력을 높여 주는 가장 효과 적인 방법은 무엇일까요?

정답 확인: 274쪽

14장

공부에 대한 몇 가지 뜻밖의 사실들

수업 중에 선생님이 질문하자마자 쏜살같이 손을 들고 대답하려 하는 친구가 있나요? 여러분은 선생님의 질문이 무슨 뜻인지도 모르겠는데 말이에요. 문제를 이해조차 하지 못한 여러분과 달리, 경주용 자동차처럼 빠른 두뇌를 가진 그 친구는 벌써 답을 알아챈 거예요.

여러분이 무언가를 배우는 속도는 어떤가요? 배우는 게 느린 사람은 흔히 공부가 자신에게 맞지 않다고 생각해요. 그런 사람들에게 놀라운 소식을 하나 전할게요. 배우는 속도가 느린 사람도 얼마든지 남들만큼 공부를 잘할 수 있어요. 오히려 빨리 배우는 사람보다 더 잘할 수도 있죠!

• 나는 너무 느려서 공부를 잘할 수 없어(?) •

어떻게 그럴 수 있냐고요? 답은 차차 알게 될 거예요. 우선 학습과 관련된 놀라운 사실들부터 살펴봅시다. 흔히 사실이라고 믿지만 사실이 아닌 속설들에 대해 알아볼 거예요.

게임이 공부에 도움이 된다고?

혹시 비디오 게임만 하려고 하면 부모님이 잔소리를 늘어놓나요? 많은 부모님이 그럴 거예요. 그런데 부모님이 들으면 놀랄 소식부터 전할게요. 어떤 비디오 게임은 공부에 도움이 돼요. 심지어 부모님에게도 도움이 될 수 있어요![1]

게임 중에서 액션 비디오 게임은 집중력을 크게 높여 줘요. 놀면서 집중력

도 키울 수 있는 셈이죠. 액션 비디오 게임을 할 때 생각의 쥐는 뇌에 없어서는 안 될 중요한 길을 뛰어다니는데요, 바로 '집중의 길'이에요! 이 길은 사용하면 할수록 폭이 넓어져요. 그래서 게임을 아주 잘하는 사람은 어떤 일에 주의를 기울이면 집중을 아주 잘할 수 있어요. 또한 시력도 어느 정도 좋아져서, 게임을 잘 못하는 사람보다 사소한 부분을 잘 포착해요. 심지어 안개가 낀 날에 앞을 더 잘 볼 수 있죠.

액션 비디오 게임만이 장점이 있는 건 아니에요. **테트리스와 같은 공간형 비디오 게임을 하면 공간 지각 능력을 높일 수 있어요.** 공간 지각 능력이 높아지면 사물을 마음속으로 더 쉽게 회전할 수 있게 되어서, 수학과 과학을 공부할 때 중요한 역할을 해요.

모든 게임이 도움이 되는 건 아니에요! 예를 들어 심즈Sims는 생활 시뮬레이션 게임으로 알려져 있어요.(심즈에서는 특정 캐릭터를 선택해 이들을 주인공 삼아 게임을 하게 되어 있다. 인공지능 생명체들이 각각의 삶을 살아가고 다른 캐릭터들과 관계를 맺기도 한다. -옮긴이) 꽤나 그럴싸하게 들리지만 이런 종류의 게임으로는 심리학자들이 '주의력 조절'이라고 부르는 기술을 연습할 수 없어요. 연구에 따르면, 집중력이나 공간적 사고 능력을 키우려면 액션이나 공간형 비디오 게임만 하는 게 좋아요.

그리고 작업 기억의 용량을 키워 준다고 광고하는 게임이 간혹 있는데, 과장 광고일 가능성이 아주 높아요. 게임이 작업 기억의 용량을 키워 주지는 않거든요. 작업 기억의 용량이 커진다는 건 생각 문어의 팔의 개수가 늘어난다는 뜻인데, 이건 결코 쉬운 일이 아니에요. 학자들도 작업 기업의 용량을 키우는 법을 아직 찾지 못했는데 게임이 그걸 가능하게 하다니, 말이 되지 않아요! (하지만 작업 기억의 용량이 작은 독자들도 실망할 필요는 없어요. 뒤에서 자세히 다루겠지만, 그런 사람에게는 특별한 장점이 있으니까요.)

한편 게임은 중독성이라는 치명적인 단점이 있어요. 운동을 과하게 하거나 음식을 과하게 먹으면 건강에 해롭죠. 심지어 공부도 지나치게 많이 하는 건 좋지 않은데 게임은 오죽할까요? 비디오 게임이 삶의 다른 영역에 방해가 될 정도라면 게임을 줄여야 해요. 아무리 열정이 샘솟는다 해도 쉬지 않고 게임만 해서는 안 돼요. 앞서 배웠듯 운동을 하고 휴식을 취하면 게임을 더 잘할 수 있어요. 그리고 바로 뒤에 나오겠지만, 마음을 열고 게임과 전혀 다른 걸 배워도 게임 실력을 높일 수 있어요.

게임은 어른에게도 도움이 될 수 있다고 했죠? 액션 비디오 게임을 좋아하면 그 게임을 부모님에게 소개해 보세요! 액션 비디오 게임은 나이가 점점 들어가는 부모님의 집중력을 높여 줄 수 있어요. 미 식품의약국에서 노인의 사고 능력을 개선하는 '약'으로 승인을 받는 절차가 진행 중인 게임도 있어요.

그러니 앞으로 엄마나 아빠가 비디오 게임이 나쁘다고 말씀하시면 이 책을 보여 드리세요. 물론 너무 많이 하는 건 나쁘지만, 적당한 게임은 여러분과 부모님 모두에게 유익할 수 있어요.

한 분야의 고수가 되려면 아예 다른 걸 배우라고?

게임을 정말 좋아하는 사람은 게임과 전혀 다른 걸 하거나 배우면 게임을 더 잘하게 될 수 있어요. 유화나 장대높이뛰기, 핀란드어, 저글링, 일본 만화 등 게임과 다른 건 무엇이든 상관없어요. 새로운 일을 하거나 배우면 예상치 못한 방식으로 게임 실력을 키울 수 있어요.

게임만이 아니에요. 어떤 일이든, 그 일과 전혀 다른 일을 배우면 좋아하는 일을 더 잘할 수 있게 돼요.

이유가 무엇일까요?

누구나 '틀에 박힌 생각'에 쉽게 빠지기 때문이에요. 심리학자들은 이 개념을 아인슈텔룽einstellung 또는 기능적 고착functional fixedness이라고 불러요. 근데 너무 어려운 용어라 이 책에서는 '틀에 박힌 생각'이라고 할게요.

핵심은 다음과 같아요. 생각이 특정한 뉴런의 길을 따라서만 자꾸 흐르다 보면 그 길에 너무 익숙해져 쉽게 길을 바꾸지 못하게 돼요. 생각이 하나로 굳어지는 거죠.

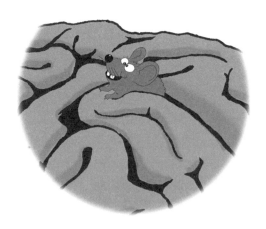

• 고랑에 갇혀 버렸어요! •

어떻게 공부할지 막막한 너에게

자, 보통 어떤 일을 아주 잘하고 싶으면 보통 온종일 그 일에 매달리죠. 문제는 그 일을 잘하고 싶은 다른 사람들도 모두 똑같이 매달린다는 거예요. 남과 같은 전략으로 어떻게 남보다 더 잘할 수 있겠어요?

어떤 일을 잘하려면 가던 길에서 방향을 틀어 완전히 다른 길로 가 봐야 해요. 전혀 다른 일을 배워 보세요. 뭐든 상관없어요. **무엇을 배우든 뇌는 새로 배운 개념을 잘하고 싶은 일에 어떤 식으로든 활용할 거예요.** 보통은 새로운 비유를 떠올릴 수 있게 되죠.

학자들은 이 중요한 학습 개념을 전이transfer**라고 불러요.** 어떤 분야와 관련된 뇌 연결 고리 사슬을 만들고 나면 다른 분야의 사슬을 더 쉽게 만들 수 있어요. 예를 들어, 야구공을 치는 법을 배우고 나면 그 외 많은 구기 종목뿐 아니라 물리학까지 더 쉽게 배울 수 있고, 물리학을 배우고 나면 경제학뿐 아니라 아름다운 도자기 만드는 법을 더 잘 배울 수 있어요! 어떤 분야나 활동에서 배운 개념이 다른 분야나 활동을 배울 때 전이되면 더 높은 창의력을 발휘하게 돼요. 마치 분야에 따라 바꿔 적용할 견본이 생기는 것과 같거든요.

노트 필기, 구닥다리 방식이 더 낫다고?

학습에 관한 놀라운 사실을 하나 더 알려 줄게요. 사람들은 흔히 공부한 내용을 기록할 때 타자로 치는 게 제일 좋다고 생각해요. 사실 타자로 치면 손으로 적는 것보다 빠르긴 하죠? 더 깔끔하기도 하고요.

하지만 학습 효과 면에서 보면, 손으로 적는 게 더 좋아요. 글씨체가 형편없더라도 말이에요.

앞서 배웠듯 학습이 제대로 이루어지려면 핵심 개념과 관련된 뇌 연결 고리 사슬을 만들어야 하는데요, 놀랍게도 수업 내용을 타자로 입력하면 단어들이 종이에만 고스란히 옮겨질 뿐 뇌 연결 고리 사슬이 만들어지지는 않아요. 귀로 들어간 단어들이 수준 높은 두뇌 활동을 거치지 않고 곧바로 손을 거쳐 타자로 입력되기 때문이에요.

반면에 손으로 적으면 종이에 옮길 내용을 스스로 생각해야 해요. 바로 이 과정에서 뇌 연결 고리 사슬이 생기죠. 게다가 잠들기 전에 필기한 내용을 다시 살펴보면 자는 동안 가지 돌기 가시가 더 크게 자라요!

효과적인 필기법은 다음과 같아요. 공책의 한 면을 펼치고 가로의 3분의 1쯤 되는 지점에 세로줄을 하나 그어요. 처음에 필기할 때는 넓은 칸에 적고, 나중에 처음 필기한 내용을 복습할 때는 좁은 칸에 요점을 정리해서 적어요. 그런 다음 공책을 덮고 요점을 떠올려 보고, 제대로 암기했는지 테스트해요. 마지막으로, 새로 생긴 뇌 연결 고리 사슬을 끄집어내는 연습을 하세요!

물론 이것은 내가 제안하는 하나의 방법일 뿐이에요. 모두를 위한 완벽한 필기 공식 같은 건 없어요. 요점을 파악해 적고 나중에 그 내용을 복습하면서 뇌 연결 고리 사슬을 튼튼하게 만들기만 하면 어떤 방식이든 좋아요.

만약 손으로 쓰기 어려운 질환을 앓고 있다면 당연히 컴퓨터를 써야 하겠죠. 이때 손으로 필기하는 것과 같은 효과를 내려면, 아무 생각 없이 들리는 대로 자판을 두드리지 않는 게 중요해요. 귀로 흘러들어

어떻게 공부할지 막막한 너에게

오는 말을 전부 다 입력하지 말고, 마음속으로 수업 내용을 요약한 뒤 핵심 개념만 천천히 입력하는 게 좋아요.

손으로 써서 이해하기

준비물: 공책 / 펜

스페인의 물리치료사 엘레나 베니토Elena Benito가 제안하는 효과적인 학습법을 소개합니다. 물리치료사는 몸을 움직여 신체적인 문제를 치료하도록 돕는 사람으로, 사람의 신체와 움직임의 관계를 치료에 이용하는 사람이에요. 몸을 움직이면 어려운 개념을 훨씬 더 잘 이해할 수 있다는 사실을 잘 알고 있죠. 엘레나는 이렇게 말했어요.

"물리치료사로서 말하자면, 손과 뇌는 여러 경로로 연결되어 있습니다. 손으로 글자를 쓰면 쓸 때마다 엄청난 양의 정보가 뇌와 손 사이를 오갑니다."

엘레나의 조언은 다음과 같아요.

여러분이 현재 공부하면서 막히는 부분은 어디인가요? 공부하다가 수학 공식이나 아주 긴 문장이 이해되지 않나요?

그렇다면 그냥 그 내용을 공책에 써 보세요. 넓은 종이도 좋아요. 한 번이고 두 번이고 직접 써 보면 그 내용이 이해가 될 테니까요. 어떤 내용을 손으로 적으면 그 정보는 마음속의 장벽을 뛰어넘어 다른 뇌 부위로 옮겨져요. 그러면 새로운 방식으로 정보가 처리돼 이해되지 않던 부분이 이해되기 시작하죠.

작업 기억의 용량이 작아서 유리한 점이 있다고?

학습과 관련된 놀라운 사실이 또 있어요. 가끔은 용량이 작은 작업 기억이 용량이 큰 작업 기억보다 더 좋아요.

어떻게 그럴 수 있냐고요?

어떤 사람들은 작업 기억의 용량이 엄청 커요. 이런 사람들의 생각 문어는 팔이 여덟 개 혹은 그 이상이고 정보가 엄청나게 잘 달라붙는 빨판이 달려 있어요. 그래서 정보를 많이, 오래 기억할 수 있죠. 나쁜 점이 하나도 없어 보이죠?

하지만 용량이 작은 작업 기억에도 장점이 있어요. 팔이 세 개뿐인 생각 문어는 핵심 개념과 관련된 뇌 연결 고리 사슬을 만들 때 더 열심히 일해야 해요. 많은 생각을 동시에 처리하기 어렵기 때문에 여러 개의 개념을 연결하고 단순화해야 하고요.

바꿔 말하면, **작업 기억의 용량이 작은 사람이 만든 뇌 연결 고리 사슬에는 놀랍도록 명쾌하게 단순화한 생각과 창의적인 발상이 담길 수 있어요.**[2] 반면에 작업 기억의 용량이 큰 사람은 생각을 명쾌하게, 그리고 창의적으로 단순화하는 작업이 어렵게 느껴질 수 있어요. 작업 기억의 용량이 크면 애초에 생각을 단순화할 필요가 없거든요.

어떻게 공부할지 막막한 너에게

작업 기억의 용량이 작은 사람은 머릿속에서 생각이 빠져나가는 느낌을 자주 받아요. 그러면 진짜 안 좋을 것 같죠? 아니에요, 좋을 때도 있어요! 몇몇 연구에 따르면 하나의 생각이 빠져나가면 다른 새로운 생각이 들어와요. 그래서 작업 기억의 용량이 작은 사람은 창의력이 남보다 뛰어나요! 이 현상은 특히 ADHD와 같은 집중력 장애(우리는 이게 '장애'가 아니라 '장점'이라고 생각해요!)를 가진 사람들에게서 눈에 띄게 나타나요.[3]

4장에서 만나 본 노벨상 수상자인 산티아고 라몬 이 카할, 기억하나요? 산티아고 역시 타고난 작업 기억의 용량이 작았어요. 그의 자서전에 따르면 산티아고의 아버지는 장기 기억에 정보를 저장하는 암기 비법을 알고 있었고, 산티아고도 아버지에게 그 비법을 일부 배웠지만, 작업 기억의 용량이 늘어나지는 않았어요. 다시 말하지만, 작업 기억의 용량을 늘리는 방법은 지금까지도 밝혀지지 않았어요.

하지만 작업 기억의 용량은 산티아고에게 문제가 되지 않았어요. 산티아고가 '천재들'이 놓친 간단하고 기본적인 원칙을 발견하는 놀라운 마법을 부린 건 오히려 작업 기억 용량이 작았기 때문이에요!

물론 작업 기억의 용량이 작은 사람은 남보다 더 열심히 공부해야 할지도 몰라요. 뇌 연결 고리 사슬을 만들 때 남보다 더 큰 노력을 기울여야 하거든요. 하지만 그 대신 창의력이 높아 명쾌한 지름길을 찾아내고, 남들은 하지 못하는 발상을 더 쉽게 하고, 소위 '똑똑한' 사람들보다 더 간단하고 명료하게 현상을 보는 눈이 있을 수 있죠. 소위 '손해 보는 장사'는 아닌 셈이에요.

생각이 느린 사람이 더 나을 수도 있다고?

자, 이쯤 되면 생각하는 속도가 느린 사람도 빠른 뇌를 가진 사람보다 잘할 때가 있다는 걸 눈치챘을 거예요.

경주용 자동차처럼 빠른 두뇌를 가진 사람은 결승선에 더 빨리 도착해요. 질문에 대한 답을 더 빨리 알아낸다는 뜻이죠. 반면에 생각이 느린 사람은 답을 찾는 데 훨씬 오랜 시간이 걸려요. (물론 한 사람의 뇌가 어떤 분야에서는 경주용 자동차처럼 돌아가지만, 다른 분야에서는 산책하는 속도로 돌아가기도 하죠.)

경주용 자동차의 뇌를 가진 사람에게는 모든 게 빨리 지나가 버려서 사소한 부분을 놓치기 쉬워요. 반면에 '산책가의 뇌'를 가진 사람은 천천히 생각하기 때문에 손을 뻗어 나뭇잎을 만지거나, 공기 중에 떠도는 솔향기를 맡거나, 새가 지저귀는 소리를 듣거나, 토끼의 발자국을 발견하기도 해요.

어떤 면에서는 산책가의 뇌가 경주용 자동차의 뇌보다 대상을 더 깊이 있게 관찰한다는 뜻이에요.

그러니 몇몇 과목, 혹은 많은 과목에서 뇌가 산책가의 속도로 작동하는 친구들은 기뻐해도 돼요. 새로운 내용을 배울 때 경주용 자동차의 뇌보다 시간이 많이 걸리긴 하겠지만, 배우는 데 아무 문제가 없는데다 오히려 더 풍부하고 깊이 있게 배울 수 있거든요. 경주용 자동차의 뇌를 가진 친구들 역시 기뻐해도 좋아요. 빠른 뇌를 가진 건 좋은 일이에요! 단, 딴 길로 새지 않도록 조심해야 해요. 한번 딴 길로 새면 제자리로 돌아오기 어려워요. 이 문제는 16장에서 더 자세히 알게 될 거예요.

- **액션 비디오 게임은 집중력을 높일 수 있어요.** 동체 시력을 키우고, 노인의 집중력을 유지하는 데도 도움이 될 수 있어요.

- **공간형 비디오 게임을 하면 사물을 마음속으로 회전하는 능력을 높일 수 있어요.** 이 능력은 수학과 과학을 이해하는 데 중요한 역할을 해요.

- **게임은 중독성이 있기 때문에, 게임을 할 때는 상식적인 수준을 넘어** 너무 많이 하지 않도록 주의해야 해요.

- **사고의 유연성을 높이고 싶으면 잘하고 싶은 그 일과 완전히 다른 일을 배우세요.** 새로운 일을 배우면서 그와 관련된 뇌 연결 고리 사슬이 생기면, 틀에 박힌 생각에서 벗어나 창의적이고 새로운 발상을 할 수 있어요.

- **필기는 컴퓨터보다 손으로 하는 게 좋아요.** 핵심 개념과 관련된 뇌 연결 고리 사슬을 더 쉽게 만들 수 있어요.

- **작업 기억의 용량이 작은 게 장점이 될 수도 있어요.** 작업 기억의 용량이 작은 사람은 남들에게는 보이지 않는 명쾌하고 단순한 해법을 포착할 수 있고, 더 높은 창의력을 발휘할 수 있어요.

- **생각이 '느린' 사람도 어떤 주제나 문제를 생각이 '빠른' 사람만큼 잘 이해할 수 있어요.** 생각이 느린 사람은 시간이 더 걸리긴 하지만, 어떨 때는 해당 주제나 문제를 생각이 빠른 사람보다 더 잘 이해하죠.

· 배운 내용 확인하기 ·

1. 사고력을 높여 주는 두 종류의 게임은 무엇인가요? 그 이유는 무엇인 가요?
2. 이번 장에서 강조된 게임의 단점은 무엇인가요?
3. 노트 필기를 효과적으로 하려면 어떻게 해야 하나요?
4. '틀에 박힌 생각'이 무엇인가요?
5. 창의력을 높이고 정말 좋아하는 일을 더 잘하고 싶다면 무엇을 해야 할까요?
6. '전이'가 무엇인가요?
7. 작업 기억의 용량이 작은 사람은 남들이 놓치는 명쾌하고 단순한 해 법을 찾고 창의력이 더 뛰어날 수 있는데, 그 이유를 설명해 보세요.
8. 배움이 '느린' 사람이 시간이 더 걸리더라도 배움이 '빠른' 사람만큼 잘 배울 수 있는 과목이나 기술에는 어떤 것들이 있을까요?

정답 확인: 275쪽

시험 잘 보는 법

15장을 읽을 때 CHECKLIST

☐ **흐름 파악하기** | 중요한 텍스트만 먼저 훑어보고 오세요!

☐ **공책과 펜 준비** | 적으면서 읽어 나가세요!

☐ **문제 풀기** | 다 읽은 후, 꼭 풀어 보기!

이번 장을 읽기 전에 꼭 주의해야 할 점이 있어요.

혹시 이 책의 나머지 부분을 다 건너뛰고 곧바로 이번 장으로 넘어왔나요? 그렇다면 이 책을 다 읽을 때만큼의 효과는 절대 볼 수 없어요.

여러분이 지금 이번 장을 읽고 있는 건 그만큼 시험이 중요하기 때문이겠죠. 시험은 피할 수 없는 현실이에요. 물론 이상적인 세상에서는 시험 때문이 아니라 내용이 흥미롭고 정말로 알고 싶어서 공부할 테지만, 정말 이상적인 이야기죠. 사실 공식적인 시험을 통과하는 건 교육의 극히 일부분일 뿐이에요.

하지만 시험은 내가 무언가를 잘 배웠다는 사실을 나 자신과 다른 사람들에게 보여 주는 의미 있는 단계예요. 또한 고등학생에서 대학생이 되고 대학생에서 직업인이 되는 길목에 있는 중요한 디딤돌이기도 하죠.

게다가 시험은 그 자체로 재미있을 수 있어요. 농담이 아니라 진짜로요!

연구에 따르면 시험은 최고의 학습 방법이에요. 1시간 공부할 때보다 시험을 1시간 칠 때 더 많은 내용을 머릿속에 집어넣을 수 있어요.[1] 본인이 시험을 볼 때와 평소에 공부할 때를 비교해 보면 직관적으로 알 수 있을 거예요. 시험을 볼 때는 아는 내용을 최대한 떠올리려고 안간힘을 쓰지만, 평소에 공부할 때는 그 정도로 애를 쓰지는 않으니까요.

앞서 배웠듯 적극적 회상은 매우 효과적인 공부법이에요. 회상을 할 때 여러분의 생각 문어는 장기 기억에 보관된 뇌 연결 고리 사슬을 끌어당기면서 공부하고 배운 내용을 강화해요. 연구에 따르면 회상은 자기 자신을 상대로 치르는 작은 시험과 같아요.

교수가 된 지 얼마 되지 않았을 때 나는 리처드 펠더^{Richard Felder}라는 훌륭한 교수님에게 많은 걸 배웠어요. 펠더 교수님은 잘 가르치는 법에 대해 많은 걸 알려 주셨어요. 교수님은 늘 학생들이 공부를 잘할 수 있도록 도와주고 싶어 하셨죠.

다음 242쪽의 표는 펠더 박사님이 학생들의 시험 준비를 돕기 위해 고안한 시험 준비 점검표를 이 책에서 알려 주는 내용을 토대로 살짝 변형한 거예요.[2] 이 점검표를 가지고 뭘 하면 되냐고요? 시험 당일에 점검표의 질문에 거의 다 '예'라고 답할 수 있게만 준비하면 돼요!

시험 준비 점검표

다음의 문항을 읽고 '네' 혹은 '아니오'에 V표 체크를 하세요.
문항에 나오는 행동을 '평소에 늘' 할 때만 '예'에 체크할 수 있습니다.

1. 시험을 보기 전날 밤에 잠을 충분히 잤나? * 이 문항에 대한 답이 '아니오'라면, 나머지 질문에 대한 답은 별 의미가 없다!	예 _____ 아니오 _____
2. 수업 시간에 필기한 내용을 수업이 끝나고 얼마 지나지 않아 복습했나? 복습할 때 적극적 회상을 해서 핵심 개념을 쉽게 떠올릴 수 있는지 확인했나?	예 _____ 아니오 _____
3. 벼락치기로 공부하지 않고 평소에 거의 매일 조금씩 공부했나?	예 _____ 아니오 _____
4. 공부하는 동안 집중을 방해하는 요소를 최대한 피했나? (휴식할 때는 제외)	예 _____ 아니오 _____
5. 장소를 바꿔 가며 공부했나?	예 _____ 아니오 _____
6. 교과서나 수업 시간에 받은 보충 자료를 주의 깊게 읽었나? 교과서를 읽으면서 밑줄 치기나 강조 표시를 너무 많이 하지 않고 필요한 부분에만 했나? 교과서의 핵심 개념을 간단하게 필기한 다음, 책을 덮고 그 개념을 떠올릴 수 있는지 확인해 보았나?	예 _____ 아니오 _____
7. 중요한 문제를 적극적으로, 혼자 힘으로, 문제를 보자마자 답이 떠오를 정도로 많이 풀어 보았나?	예 _____ 아니오 _____
8. 과제로 받은 문제를 반 친구들과 의논해 풀거나, 혼자 푼 다음 답을 반 친구들과 비교해 보았나?	예 _____ 아니오 _____
9. 숙제로 받은 모든 문제를 적극적으로, 혼자 힘으로 풀었나?	예 _____ 아니오 _____

어떻게 공부할지 막막한 너에게

10. 내용이 이해되지 않을 때 선생님이나 다른 학생들에게 도움을 청했나?	예 ____ 아니오 ____
11. 공부 시간에 주로 더 어려운 내용을 집중적으로 공부했나? 다시 말해 '의도적 연습'을 했나?	예 ____ 아니오 ____
12. 인터리빙 방식을 써서 다양한 기법을 번갈아 가며 공부했나? 다시 말해, 언제 어떤 기법을 써야 하는지 확실히 알게 됐나?	예 ____ 아니오 ____
13. 공부한 핵심 개념을 재미있는 비유와 이미지를 써서 자기 자신이나 다른 사람에게 설명해 보았나?	예 ____ 아니오 ____
14. 공부하다 가끔씩 몸을 움직이면서 휴식을 취했나?	예 ____ 아니오 ____
총 합계	예 ____개 아니오 ____개

'예'가 많을수록 시험 준비가 더 잘됐다는 뜻이에요. '아니오'가 세 개 이상 나오면 시험 준비하는 방식을 어떻게 바꾸는 게 좋을지 진지하게 고민해야 해요.

어려운 문제부터 풀기

제일 쉬운 문제부터 풀라는 말은 많은 학생들이 오래전부터 들어온 조언이에요.

하지만 신경과학자들의 연구에 따르면, 이건 좋은 방법이 아니에요! (공부를 아예 안 했다면 그렇게 해서라도 점수를 올려야 하겠지만 말이죠.)

시험이 시작되면 해야 할 일은 다음과 같아요. 우선 얼른 시험지를 훑어보면서 어렵다고 생각되는 문제들 옆에 작게 체크 표시를 해요. 그런 다음 그중 한 문제를 골라서 풀어요. 맞아요. **어려운 문제부터 푸는 거예요.** 개구리를 먼저 먹어요!

1~2분 동안, 또는 막힌다는 느낌이 들 때까지 그 문제를 풀어요.

막히는 느낌이 들면 그만 풀고, 자신감을 높여 줄 쉬운 문제를 찾아요. 그 문제를 풀고 비슷한 수준의 문제를 하나 더 풀어도 돼요.

그런 다음, 처음에 막혔던 어려운 문제를 다시 풀어 봐요. 막힌 부분이 풀릴 테니까요.

왜 그럴까요?

'어려운 문제부터 풀기' 기법을 쓰면 뇌를 일종의 이중 프로세서로 쓸 수 있어요. 어려운 문제에 쏟던 주의를 다른 문제로 돌리면 곧바로

· 쉬운 문제는 어려운 문제를 분산 모드로 넘겨요! ·

어떻게 공부할지 막막한 너에게

분산 모드가 작동해 어려운 문제를 넘겨받아요. 집중 모드가 쉬운 문제를 푸는 동안 분산 모드는 막후에서 조용히 어려운 문제를 풀죠. 반면 시험 시간이 끝날 때가 되어서야 어려운 문제를 풀면, 집중 모드가 계속 작동하기 때문에 분산 모드가 끼어들 틈이 없어요.

숙제할 때도 어려운 문제부터 푸는 기법을 쓸 수 있어요. 어려운 문제부터 풀기 기법을 쓰면 뇌의 두 가지 모드를 더 효과적으로 쓸 수 있을 뿐만 아니라, 시험 볼 때 쓸 기법을 미리 연습할 수 있어서 좋아요.

그런데 어려운 문제부터 풀기 시작하는 건 좋은데, 많은 학생들이 한 문제를 너무 오래 붙잡고 있는 실수를 해요. 약간의 답답함을 느끼는 수준까지 고민하는 정도는 괜찮지만 답답한 상태가 너무 오래가면 안 돼요. 그 문제와 자신을 분리해야 하죠. 많은 학생이 시험을 볼 때 문제와 자신을 잘 분리하지 못해 애를 먹어요. 어려운 문제와 제때 분리하지 못하면 시간이 모자라게 돼요. 그러면 충분히 풀 수 있는 쉬운 문제들까지 못 풀게 되므로, 반드시 문제와 자신을 분리하는 연습을 해야 해요.

그렇다면 한 문제를 얼마 동안 풀면 너무 오래 붙잡고 있는 걸까요? 과목과 나이에 따라 다르지만, 5분이나 10분은 너무 길어요. 또한 시험의 경우 시간 관계상 숙제를 할 때보다 더 빨리 문제와 분리해야 해요. 보통 1분이나 2분 이상 풀었는데 답이 안 나오면 다음 문제로 넘어가는 게 좋아요.

좋은 스트레스를 이용하고 긴장 풀기

연구에 따르면, 시험을 보기 전 몇 주 동안 적극적 회상을 많이 할수록 시험을 볼 때 받는 스트레스가 줄어든다고 해요.[3] 그러니 시험을 앞두고 스트레스를 받으면 공부할 때 특히 더 적극적 회상을 하세요.

물론 시험을 보려고 앉아 있을 때 스트레스를 안 받는 사람은 거의 없어요. 손바닥이 축축해지고 가슴이 두근거리고 속이 울렁거리죠. 스트레스를 받을 때 몸에서 화학 물질이 분비되기 때문이에요. 그런데 놀랍게도, **스트레스를 받으면 시험을 더 잘 볼 수 있어요.**[4] **그러니 시험을 볼 때 긴장이 되면 관점을 바꿔 보세요.** '시험 때문에 긴장돼'라고 생각하지 말고, '최선을 다해 시험 볼 생각을 하니 흥분돼!'라고요.[5]

시험을 보기 전에 긴장을 많이 하는 편이라면 심호흡을 연습해 봐요. 긴장하면 보통 가슴의 윗부분을 부풀려 호흡하게 돼요.[6] 그러면 호흡이 얕아지죠. 왜 사람들은 긴장할 때 얕은 호흡을 할까요? 동물은 자신의 모습이 드러나는 환경에서는 다른 동물들 혹은 천적에게 들키지 않기 위해 동작을 멈춰요. 이때 얕은 호흡을 하거나 잠시 숨을 참으면 동작을 최소한으로 줄일 수 있거든요. (다음에 친구와 야외에서 거닐다가 어떤 동물을 발견하게 되면, '저 동물 좀 봐!' 하고 동물을 가리키고 나서 친구의 반응을 잘 살펴보세요. 동물을 똑바로 가리켜도 그 동물이 움직이기 전에는 친구가 잘 알아보지 못할 테니까요.) 그런데 이렇게 '얕은 호흡'을 하면 산소를 충분히 들이마시지 못하게 돼서 극심한 공포를 느끼죠. 하지만 이 공포는 시험과는 아무 상관이 없고 그저 산소가 부족할 뿐이라는 걸 알아야 해요!

어떻게 공부할지 막막한 너에게

다음 그림은 얕은 호흡과 심호흡의 차이를 보여 주고 있어요. 얕은 호흡은 가슴을, 심호흡은 배를 부풀려 하는 호흡이에요. 심호흡을 할 때는 한 손을 배 위에 올리고, 돛처럼 등이 쭉 펼쳐지는 상상을 하면서 숨을 들이쉬어요. 제대로 심호흡을 하면 배가 볼록해질 거예요. 심호흡을 하면 극심한 공포심을 가라앉힐 수 있어요. 시험을 보기 며칠 전부터 연습하면 심호흡에 익숙해질 거예요. 거울 앞에서 배가 나오는지 잘 볼 수 있도록 옆으로 돌아서서 30초쯤 연습해요. 틈틈이 시간 날 때마다 의식적으로 연습하세요.

· 가슴이 나오는 얕은 호흡(왼쪽)과 배가 나오는 심호흡(오른쪽) ·

그 외의 조언들

시험을 잘 보기 위한 몇 가지 팁을 더 알려 줄게요.

첫째, '틀에 박힌 생각'을 조심해요. 어떤 문제에 답을 한 번 적고 나면 그 답이 정답일 거라고 믿기 쉬워요.

둘째, 문제를 다 풀고 시간이 남으면, 시험지를 새로운 시각으로 다시 한번 봐요. 눈을 깜박이면서 고개를 들고 잠시 분산 모드를 작동시켜요. 처음과 다른 순서로 문제를 풀어요. 가능하면 자기 자신에게 이렇게 물어 보세요. '이 답이 말이 되나?' 교실에 놓인 수족관을 채우려면 100억 리터의 물이 필요하다는 답이 나왔다면, 당연히 다시 풀어야 해요!

마지막으로, 열심히 공부했는데 시험이 뜻대로 풀리지 않을 때도 있어요. 하지만 제대로 준비했다면 행운의 여신이 미소를 지을 거예요.

직접 시험 문제 만들기

준비물: 공책 / 펜 / 교과서나 문제집

시험을 준비하는 또 다른 좋은 방법은 선생님처럼 생각하는 거예요. 선생님이 출제할 것 같은 문제를 직접 만들어 보세요. 같은 시험을 준비하는 친구와 함께 해도 좋아요. 놀랍게도 여러분이 낸 문제와 친구가 낸 문제가 같을 때가 많을 걸요? 더 놀랍게도, 여러분이 낸 문제가 실제로 시험에 나올 수도 있어요!

적극적 회상하기

이번 장의 중심 내용은 뭘까요? 중심 내용을 떠올려 보세요.
그리고 앞으로 시험을 어떤 식으로 준비하면 좋을지 곰곰이 생각해 보세요.

☐ 완료 후 체크

◦ 요점 정리 ◦

· 시험 준비 점검표를 활용해서, 내가 시험 준비를 제대로 하고 있는지 살피세요.

· **어려운 문제부터 푸세요.** 공부를 제대로 했다면 시험을 볼 때 어려운 문제부터 풀고, 풀다 막히면 그 문제에서 벗어나 다른 쉬운 문제를 풀어요. 어려운 문제는 나중에 다시 풀면 돼요. 이 기법을 쓰면, 시간이 얼마 남지 않은 막판에 풀 때보다 어려운 문제가 더 잘 풀릴 거예요.

· 흥분하거나 긴장하면 몸에서 화학 물질이 분비돼요. **이때 불안한 감정을 어떻게 받아들이느냐에 따라 결과가 달라져요.** '시험 때문에 긴장돼'라고 생각하지 말고, '최선을 다해 시험 볼 생각을 하니 흥분돼!'라고 생각을 바꾸면 시험을 더 잘 볼 수 있어요.

· 시험을 보기 전이나 보는 도중에 너무 초조해지면 **심호흡을 하세요.**

· **시험을 볼 때는 자기가 쓴 답이 틀렸는데도 정답이라고 착각할 수 있어요.** 시간이 허락한다면 눈을 깜박이며 고개를 들어 시험지에서 주의를 돌린 다음, 한 걸음 물러나 전체적인 관점으로 답을 다시 한번 확인해 보세요. '이 답이 정말 말이 되나?'라고 자기 자신에게 물어보세요. 처음에 풀 때와 다른 순서로 문제를 다시 검토하세요.

· 가장 중요한 것! **시험을 보기 전에는 최대한 숙면을 취해야 해요.**

◦ 배운 내용 확인하기 ◦

1. 시험을 준비할 때 해야 할 가장 중요한 일은 무엇일까요? (힌트: 이걸 하지 않으면 다른 걸 아무리 잘해도 소용없어요.)
2. 시험에서 어려운 문제부터 풀기 시작했어요. 언제 어떤 상황에서 다음 문제로 넘어가야 할까요?
3. 시험을 보기 전에 불안한 마음을 진정시키는 두 가지 방법을 말해 보세요.
4. 어떻게 하면 시험에서 틀린 답을 더 잘 찾아낼 수 있을까요?

정답 확인: 276쪽

16장

'공부해야 한다'가 아닌
'공부할 수 있다'

산티아고 라몬 이 카할, 기억나나요? 천재는 아니었지만 신경과학
자가 되어 결국 노벨상까지 탄 '악동' 말이에요. 산티아고는 배우는
속도가 느리고 기억력이 나빠 낙담할 때가 종종 있었어요. 하지만
자신에게 장점이 있다는 걸 깨달았고 그 장점 덕분에 천재보다 더
좋은 성과를 낼 수 있었어요. 천재인 사람도 산티아고의 깨달음을
자신의 방식에 접목하면 도움이 될 거예요.

산티아고의 이야기를 하기 전에, 우선 축하해요! 여러분은 평생 도
움이 될 공부법을 탐험하는 긴 여정을 무사히 마쳤어요. 자주 등장한
우스꽝스러운 비유들도 잘 참고 견뎠고 말이에요. 전기를 일으키는 외

계인, 팔이 네 개 달린 문어, 핀볼 게임, 좀비, 머릿속의 숲길을 뛰어다니는 쥐, 뇌 연결 고리 사슬, 시냅스 진공청소기까지…… 만화 채널에서 튀어나올 듯한 캐릭터들이 잔뜩 나왔죠!

• 우스꽝스러운 비유들의 피크닉! •

그동안 수고 많았어요. 여러분은 어려운 과학적 개념이 나올 때마다 상상력을 한껏 발휘해 주었어요. 이 책에 나온 비유들이 도움이 되었길 빌어요.

이번 장에서는 이 책의 주요 개념들을 다시 살펴볼 거예요. 이제는 여러분도 배운 것을 반복하는 것이 공부할 때 얼마나 중요한지 알았을 테니 말이에요.

그 전에 우선 중요한 질문부터 할게요.

공부할 수 있는 건 행운이다!

공부를 왜 하나요?

농담이 아니라 진심으로 묻는 거예요. 여러분은 왜 군이 이 귀찮은 공부를 하려고 하나요? 끝이 없는 광활한 우주에서 인간은 그저 작은 티끌과 같은 존재일 뿐인데 말이죠.

그러니 다음의 질문에 진지하게 답해 보세요.

"나는 왜 무언가를 배우려고 하지?"

최대한 많은 이유를 떠올려 보세요. 최소 다섯 개 이상 생각나야 해요. 시간을 갖고 천천히 생각하세요. 그리고 다른 사람에게 답을 들려주고 어떻게 생각하는지 물어 보기도 하고요. 답을 공책에 적으면 좋고, 여의치 않으면 마음속으로 충분히 생각이라도 하세요.

답을 찾았나요?

그러면 이제 다른 사람들의 답을 볼 차례예요.

사람들이 꼽은 공부의 '이유'는 다음과 같아요.

· 하지 않으면 엄마나 아빠가 나가 놀지 못하게 하기 때문에 공부해야 한다.
· 하지 않으면 선생님이 방과 후에 남으라고 하기 때문에 공부해야 한다.
· 의무 교육을 받아야 하는 나이이기 때문에 공부해야 한다.
· 미래에 선택할 수 있는 길이 많아지려면 공부해야 한다.
· 고등학교를 졸업하고, 대학에 가고, 일자리를 얻으려면 공부해

야 한다.

- 공부를 하면 진심으로 좋아하는 일을 계속 할 수 있다.
- 공부를 하면 우주의 신비를 더 많이 발견할 수 있다.
- 공부를 하면 매주 내 안에 숨은 놀라운 잠재력을 발휘할 수 있다.
- 공부를 하면 인류가 당면한 문제를 해결할 수 있다.
- 나는 호기심이 많은 사람이라서 공부를 한다.

물론 다른 답들도 얼마든지 있을 수 있지만, 위의 답들은 모두 나름대로 타당한 이유가 돼요.

그런데 목록의 중간쯤에서 표현이 바뀐 거, 눈치챘나요? '공부해야 한다have to'가 '공부할 수 있다get to'로 바뀌었죠? 공부가 어쩔 수 없이 해야 하는 의무에서 특권이 된 거예요. 특권이란 할 수 있어서 다행인 일이에요. 공부는 의무이기도 하고 특권이기도 해요. 숙제를 하지 않으면 벌을 받을 거고 누구나 벌을 받고 싶지 않을 테니, 벌은 숙제를 해야

• '공부해야 한다'에서 '공부할 수 있다'로! •

할 타당한 이유가 맞아요. 하지만 이런 이유는 공부할 의욕을 높여 주지 않아요. **단순히 벌을 피하기 위해서가 아니라 공부에 흥미를 가질 긍정적인 이유를 찾는다면 공부하고 싶은 마음이 훨씬 더 많이 들지 않을까요?**

지금 이 순간, 우리는 지구라는 신비로운 돌덩이 위에서 살고 있어요. 그리고 온 우주에서 가장 앞선 첨단 기술이 인간의 두개골 속에 있어요. (물론 우리보다 더 똑똑한 외계인이 있을 수도 있는데, 그렇다면 외계인은 정말 흥미로운 학습 주제가 될 거예요!) 두 귀 사이에 있는 '뇌'라는 이 놀라운 도구를 최대한 활용하지 않는다면 지구에서 보내는 이 시간을 낭비하는 게 아닐까요? 너무 아깝지 않나요?

효과적인 공부법을 어릴 때 배우면 그 혜택을 더 오랫동안 누릴 수 있어요. 그런 의미에서 배움은 특권이에요. 지구상에는 여전히 책이나 컴퓨터, 선생님을 전혀 접할 수 없는 아이들이 살고 있어요. 배움의 기회를 최대한 활용하는 건 그 아이들에 대한 최소한의 예의라고 생각해요. **어떤 이유 때문에 배우든, 배움의 기회를 놓치지 말아요.** 테리가 말했듯, 공부한 내용이 언제 어떻게 도움이 될지는 아무도 몰라요.

공부법을 배우면 자기만의 열정을 따를 수 있어요. 물론 앞서 말했듯 열정만 따르지는 말아요. 나도 어릴 때 내가 좋아하는 분야만 공부하는 실수를 저질렀기 때문에, 세상에는 배울 수 있는 분야가 아주 많다는 말을 꼭 해 주고 싶어요. 배움의 범위를 확장하면 상상조차 하지 못했던 기회의 창이 열려요. 그러니 열정의 폭을 넓혀 봐요. 내가 잘할 것 같은 분야뿐 아니라 새로운 분야를 배우고 배움을 즐겨 보세요. 그러면 살면서 뜻밖의 상황이 닥칠 때 더 여유롭게 대처할 수 있어요. 세상은 빠르게 변하고 있고, 변화의 속도는 앞으로 더 빨라질 거예요. **효**

과적인 공부법을 배우면, 빠르게 변하는 세상에서 빛을 발할 최고의 능력을 갖추게 되는 셈이에요!

공부할 때 해야 할 일과 하면 안 되는 일

이제 이 책의 주요 개념을 복습해 봅시다. 알다시피 회상은 매우 효과적인 공부법이에요.

여러분이 생각하는 이 책의 주요 개념을 전부 적어 목록으로 만들어 보세요. 공부에 방해가 되는 요소뿐 아니라 도움이 되는 개념을 모두 적으세요.

자, 이 책에서 가장 마음에 드는 개념 다섯 가지를 꼽는다면 무엇이 있을까요? 다섯 개가 모두 떠오를 때까지는 답을 들춰 보지 말아요! 머리를 쥐어짜야 간신히 떠오른다 해도 걱정할 필요는 없어요. 생각 문어가 이 책의 주요 개념과 관련된 뇌 연결 고리 사슬을 자주 붙잡지 않아서 아직 익숙해지지 않았을 뿐이니까요.

자, 목록을 다 만들고 개념 다섯 가지를 꼽아 봤나요?

이제 다음의 목록을 봅시다. 여러분이 만든 목록과 다음의 목록이 조금 달라도 괜찮아요. 핵심 개념 몇 가지가 목록에 들어가 있기만 하면 되니까요.

공부에 도움이 되는 열 가지 행동은 다음과 같아요.

1. 온 신경을 쏟는 집중 모드와 느긋하게 쉬는 분산 모드를 모두 활용하기. 공부하다 막히면 다른 주제로 넘어가거나, 몸을 움직여요!

2. **연습과 반복, 회상으로 뇌 연결 고리 사슬 만들기.** 중요한 문제는 풀이 과정의 각 단계가 쉽게 떠오를 때까지 여러 번 반복해서 풀어요. 답과 개념, 풀이 기법이 술술 떠올라야 해요.

3. **인터리빙 방식으로 공부하기.** 약간 달라 보이지만 결국 똑같은 공식을 적용한 문제들만 연속해서 풀면 안 돼요. 여러 종류의 공식을 번갈아 가며 연습해야 어떤 공식을 언제 써야 하는지 알 수 있어요. 교과서의 문제들은 보통 인터리빙 방식으로 구성되어 있지 않기 때문에, 인터리빙을 하려면 능동적으로 단원을 오가며 여러 유형의 문제를 섞어 풀어야 해요.

4. **일정한 시간 간격을 두고 공부하기.** 공부한 개념을 최소 며칠 동안 매일 복습해요. 새로운 시냅스가 자랄 시간을 벌어 주세요.

5. **운동하기!** 운동을 하면 뉴런에 양분이 공급되고 가지 돌기 가시가 새로 자라고 더 튼튼해져요.

6. **시험 보기.** 직접 문제를 만들어 내거나 남에게 해 달라고 부탁해요. 혹은 배운 내용을 다른 사람에게 가르쳐요. 이 방법들은 모두 회상과 관련이 있어요. 배운 내용을 머릿속에 완전히 심는 최고의 방법이죠.

7. **재미있는 그림과 비유를 동원해 이해하기.** 기억의 궁전 기법을 사용해 보세요.

8. **포모도로 기법 쓰기.** 이 기법을 쓰면 집중력을 높이고 긴장을 푸는 기술을 익힐 수 있어요. 집중에 방해되는 기기를 모두 끄고 타이

어떻게 공부할지 막막한 너에게

머를 25분으로 맞춘 다음 그 시간 동안 집중해서 공부해요. 타이머가 울리면 보상을 즐겨요.

9. **개구리 먼저 먹기**. 제일 어려운 부분부터 공부해요. 그러면 어려운 부분을 일찍 끝낼 수 있고, 막히더라도 잠시 쉬면서 분산 모드를 작동시킴으로써 막힌 부분을 해결할 수 있어요.

10. **수업 외의 적극적인 공부 방법을 찾기**. 인터넷에서 다른 방식으로 설명한 자료를 검색하고, 교과서 외의 책을 읽고, 동아리에 가입해 활동해 봐요. 관심 가는 분야와 관련된 동아리가 없다면, 동아리를 직접 만들 수 있는지 알아보고 적극적으로 행동하세요.

공부에 방해가 되는 열 가지 행동은 다음과 같아요.

1. **잠을 충분히 자지 않는 것**. 잠을 자야 뇌 연결 고리 사슬이 튼튼해지고 뇌의 독소가 씻겨 내려가요. 그러니 숙면을 취하지 않으면 큰일 나요. 특히 시험 보기 전날 밤에 문제가 돼요! 공부에 좋은 다른 방법들을 아무리 많이 써도 소용이 하나도 없죠.

2. **수동적으로 읽고 또 읽기만 하는 것**. 같은 내용을 눈으로 계속 훑기만 하지 말고 적극적 회상을 해야 해요.

3. **형광펜으로 강조하거나 밑줄을 긋는 것**. 착각하지 말아요! 지문의 대부분에 강조 표시를 하거나 밑줄을 긋는다고 그 내용이 다 머릿속에 들어가는 건 아니에요. 교과서의 여백이나 공책에 요점만 적어야 해요. 그래야 핵심 개념과 관련된 뇌 연결 고리 사슬이 더 잘 만들어져요.

4. **문제의 정답을 슬쩍 보고는 이해했다고 착각하는 것**. 문제는 혼자 힘으로 풀어야 해요. 최선을 다해 풀어 보지도 않고 답지를 보는 것은 금물이에요.

5. **벼락치기로 공부하는 것**. 막판에 몰아서 공부하면 튼튼한 뇌 연결고리 사슬이 생기지 않아요.

6. **게으른 학습을 하는 것**. 농구를 배울 때 드리블만 연습하면 안 되듯, 쉬운 부분만 계속 연습하면 안 돼요. 가장 어려운 부분에 집중하는 의도적 연습을 해야 해요.

7. **교과서를 제대로 읽지 않는 것**. 교과서를 공부할 때는 지문을 읽기 전에 먼저 흐름 파악하기를 하거나 요약본을 읽어 보세요. 문제를 풀 때도 마찬가지로, 문제에 무작정 달려들지 말고 먼저 문제를 푸는 방식을 꼭 읽어 봐야 해요.

8. **헷갈리는 부분을 그냥 넘어가는 것**. 이해가 안 되는 부분이 몇 군데 안 되니 괜찮다고요? 안타깝게도 바로 그 부분이 시험에 나올 거예요. 그러니 모르는 부분은 선생님이나 친구들에게 도움을 받아서 꼭 알고 넘어가야 해요.

9. **집중을 방해하는 요소를 방치하는 것**. 공부할 때는 집중할 수 있는 곳에서 해요. 스마트폰은 되도록 전원을 끄거나 손이 닿지 않는 곳에 두세요.

10. **친구들과 공부는 하지 않고 수다만 떠는 것**. 스터디 그룹은 잘만 되면 학습에 큰 도움이 돼요. 하지만 공부보다 남 이야기를 하느라 바쁘다면 별 도움이 되지 않죠.

어떻게 공부할지 막막한 너에게

천재가 아니어도 괜찮아, 천재만큼 해낼 수 있으니까

산티아고의 이야기를 다시 떠올려 보세요. 그는 뉴런을 연구하다가 천재와 겉으로는 평범해 보이는 사람들의 뇌에 대해 중요한 발견을 했어요.

본인도 인정했듯 산티아고는 천재가 아니었어요. 그렇다면 그의 성공 비결은 무엇이었을까요? 어떻게 자기 분야에서 천재들조차 하지 못한 위대한 발견을 할 수 있었을까요?

첫째, 산티아고는 선택의 폭을 넓혔어요. 사실 산티아고가 처음 열정을 쏟은 분야는 미술이었고 화가가 되겠다는 꿈을 끝까지 포기하지 않았어요. 과학을 배운 건 단순히 새로운 경험을 하고 싶어서였어요. 그러다 산티아고는 미술뿐 아니라 과학에도 점점 깊이 빠졌어요. 산티아고가 노벨상을 탈 수 있었던 건 전혀 다른 두 개의 분야에서 능력을 개발한 덕분이었어요! 미술을 과학에 접목함으로써 좋아하는 미술을 계속할 수 있었어요.[1]

여러분도 산티아고를 본받을 필요가 있어요. 어릴 때부터 선택의 폭을 너무 좁히지 말라는 뜻이에요. 세상은 점점 복잡해지고 있고 관심사와 기술이 다양한 사람을 점점 더 필요로 해요. 물론 한 가지 주제를 깊이 파고드는 게 나쁜 건 아니에요. 하지만 되도록 여러 분야를 탐색해 보는 게 좋아요. 수학을 좋아하면 미술과 음악, 문학을 공부하고, 미술이나 음악, 문학에 재능이 있다면 수학과 과학을 배워요! 반드시 최고가 될 필요는 없어요. 그저 미래에 도움이 되도록 기회의 문을 열어 두기만 하면 돼요. 중요한 말이니 다시 한번 반복할게요. 공부한 내용이 언제 어떻게 도움이 될지는 아무도 몰라요.

둘째, 산티아고는 끈질겼어요. 하고자 하는 일을 포기하지 않고 끝까지 해냈어요. 수학을 배우기로 결심했을 때 산티아고는 기초부터 시작해 천천히 진도를 나갔어요. 결코 쉽지 않았지만 그는 계속 노력했어요. 무언가를 알아내겠다고 마음먹고 나면 끝까지 파헤쳤고 절대 물러서지 않았죠. 인내심은 학습의 가장 중요한 요소 중 하나예요. 물론 쉬지 않고 공부하라는 뜻은 아니고, 휴식을 취하며 분산 모드를 작동시켰다가 하던 공부를 다시 하는 과정을 반복하라는 뜻이에요.

셋째, 산티아고는 생각이 유연했어요. 천재적인 학습자들은 답을 맞히는 데 너무 익숙해질 수 있어요. 답을 맞힐 때 느끼는 좋은 기분은 중독성이 있다고 해요.[2] 산티아고는 오히려 그렇기 때문에 천재적인 학습

• 세상은 전혀 다른 두 분야를 접목할 줄 아는 사람을 필요로 해요! •

어떻게 공부할지 막막한 너에게

자들이 성급한 결론을 내리기 쉽다는 사실을 깨달았어요. '경주용 자동차의 뇌'를 가진 사람들이니까 그럴 만도 해요. 문제는 그 결론이 틀렸을 때 인정하지 않으려 한다는 거예요. 천재들은 자신이 틀렸다는 사실을 깨닫는 상황을 일부러 피하기도 해요. 실수를 인정하는 것보다 그 편이 더 기분 좋기 때문이에요. 늘 정답을 맞혀야 한다는 '틀에 박힌 생각'에 갇히는 거죠.

산티아고는 천재가 아니었어요. 그래서 실수를 바로잡는 연습을 아주 많이 했어요. 나중에 과학자가 되었을 때도 그는 자기 이론의 옳고 그름을 판단할 방법을 적극적으로 탐구했어요. 이론이 틀렸을 때는 생각을 바꿨고요. 이와 같은 태도는 그가 노벨상을 탈 정도로 획기적인 발견을 하는 데 중요한 역할을 했어요.

모두가 노벨상을 탈 필요는 없어요. 하지만 산티아고의 이야기에서 귀중한 교훈을 얻을 수는 있어요. 학습에서 가장 중요한 부분은 실수를 인정하고 사고방식을 유연하게 바꾸는 거예요. 이 점을 깨닫고 행동으로 옮기는 사람은 이 세상에 천재보다 더 큰 공헌을 할 수 있어요.

나를 비롯한 대부분의 사람이 그렇듯 이 책을 읽는 여러분도 천재가 아닐 거예요. 그래도 괜찮아요. 누구나 더 나은 세상을 만들 잠재력을 갖고 있으니까요. 지금 당장은 천재가 아니더라도, 누구나 이 책의 전략을 활용해 자기 자신과 타인을 위해 새로운 기회의 문을 열 수 있어요.

배움의 여정을 거치다 보면 외로울 때가 있을 거예요. 하지만 여러분은 혼자가 아니에요. 테리와 앨, 내가 생각의 쥐가 다니는 숲길에 서서 여러분의 공부를 응원할게요. 이 책에서 소개한 위대한 학자들이 알아낸 사실을 잘 활용하면, 여러분도 발견의 기쁨으로 가득한 디 행복하고 의미 있는 삶을 살 수 있어요.

테리와 앨, 그리고 나는 배움의 길을 걷는 여러분 모두에게 행운이 가득하길 빌어요. 행운의 여신은 노력하는 사람의 편이라는 걸 잊지 마세요!

· 여러분의 공부를 응원해요! ·

어떻게 공부할지 막막한 너에게

선생님 되기

준비물: 공책 / 펜

지금까지 나와 테리, 앨은 우리가 아는 모든 학습법을 여러분에게 알려 줬어요. 이제 여러분이 나설 차례예요.

이 책을 읽으면서 학습에 대해 배운 사실을 다른 사람에게 전달하세요. 친구들이나 형제자매, 후배들에게 들려주세요. 부모님이나 선생님에게 들려줘도 좋아요. 특히 화학을 다시 공부한 앨의 감동적인 이야기를 좋아할 거예요.

이 책에서 배운 내용을 그림으로 그리고, 재미있는 이야기를 만들어 보세요. 기억의 궁전 기법에 대해 이야기하세요. 뉴런과 뇌 연결 고리 사슬이 무엇이고 왜 중요한지 설명해 보세요. 이 책을 읽으면서 어려움을 극복할 방법을 찾았다면, 그 내용도 공유하세요!

다른 사람을 가르치면 배운 내용을 더 잘 기억할 수 있어요. 게다가 가르치기는 학습 과정에서 가장 신나고 재미있는 단계예요. 선생님이 될 수도 있고 동시에 다른 사람을 도울 수도 있잖아요!

부록

2장 너무 열심히 공부하면 안 되는 이유

1. 어떤 일에 세심한 주의를 기울이고 있다는 뜻이에요.
2. 분산 모드는 마음이 자유롭게 흘러 이런저런 잡다한 생각에 빠진 상태예요. 물론 제일 좋아하는 분산 모드 활동은 직접 골라야겠죠? 자유롭게 생각해 보세요!
3. 핀볼 기계의 비유를 들면 뇌의 작동 방식을 더 쉽게 이해할 수 있어요. 뇌에는 두 종류의 핀볼 테이블이 있어요. 집중 모드는 범퍼의 간격이 좁은 핀볼 테이블과 비슷하고, 반면에 분산 모드는 범퍼의 간격이 넓은 핀볼 테이블에 비유할 수 있어요. 플리퍼를 열심히 움직이지 않으면, 생각의 구슬은 집중 모드 테이블의 구멍으로 빠져 아래에 있는 분산 모드 테이블로 굴러떨어지고 말아요!
4. 집중 모드와 분산 모드와 관련해 들 수 있는 또 다른 비유로는 다음과 같은 것들이 있어요.[1]
   축구 경기
   집중 모드 - 심판
   분산 모드 - 해설자
   구글 지도(길을 찾으려면 확대와 축소 버튼을 번갈아 가며 눌러야 한다!)
   집중 모드 - 확대
   분산 모드 - 축소

정원

집중 모드 - 간격에 주의하며 땅에 씨앗을 심는 늦겨울~초봄의 정원

분산 모드 - 날씨나 새, 곤충 때문에 생각지도 못한 식물이 자라는 봄의 정원

5. 첫째, 문제를 풀기 전에 기본적인 개념을 집중적으로 공부하지 않은 경우. 이럴 때는 다시 교과서나 필기한 내용을 보고 개념을 공부해야 해요. 둘째, 개념 공부는 열심히 했지만 막혔을 때 휴식을 취하지 않은 경우. 막힐 때 잠시 쉬면 분산 모드가 무의식중에 작동하게 할 수 있어요.

6. 바꾸고 싶은 공부 습관을 직접 찾아보세요!

3장 토마토를 이용해 미루는 습관 고치기

1. 해야 할 일을 할 시간을 뒤로 늦추는 행동을 뜻해요.

2. 첫째, 제대로 공부할 시간이 부족해져요. 둘째, 할 일을 미루면 걱정하느라 에너지를 소모하게 돼요. 어느 쪽으로도 득이 되지 않아요.

3. 싫어하거나 하기 싫은 일을 떠올리면 섬 피질이 활성화해요. 섬 피질이 활성화하면 고통스러운 느낌이 들죠. 사람들은 보통 이 느낌을 없애려고 더 즐거운 일로 주의를 돌려요. 그러면 뇌가 느끼는 고통은 바로 사라지지만, 결국 할 일을 미루게 돼요.

4. 이건 직접 해 보세요!

5. 바로 '보상'이에요.

6. 집중할 때 썼던 뇌 부위와 다른 부위를 쓰는 일을 하는 게 좋아요. 보고서를 쓰고 있었다면, SNS에 글을 쓰는 일은 하지 말아요. 제일 좋은 활동은, 일어나서 움직이는 거예요.

7. 포모도로를 한 번 하는 동안 과제를 끝내도 되지만, 반드시 끝내야 할 필요는 없어요. 포모도로의 목적은 과제를 끝내는 게 아니에요. 포모도로는 25분 동안 해야 할 일에 최대한 집중하는 거예요.

8. 좀비 모드는 에너지를 크게 절약해요. 좀비 모드가 작동하면 사소한 일에 일일이 지적 능력을 낭비할 필요가 없죠.

9. 아무런 이유도 대지 않고, 무의식적으로, 자동적으로 설정된 목표를 향해 움직

이는 좀비. 그 좀비의 목표가 미루기일 경우 큰일이에요. 즉, 해야 할 일보다 즐거운 일을 하는 습관인 '미루는 습관'이 생기죠.

10. 비소를 먹은 사람은 비소를 먹는 데 익숙해져 비소가 자기 몸에 해를 끼치고 있다는 사실을 깨닫지 못했어요. 마찬가지로, 미루기에 익숙해지면 미루기가 자신에게 얼마나 해로운지 깨닫지 못해요.

11. 적극적 회상은 책이나 필기한 내용을 보는 대신 머릿속에서 핵심 정보를 끌어내는 공부법이에요. 적극적 회상을 하는 방법 중 대표적인 예는, 한 문단을 읽은 다음 고개를 들고 핵심 개념을 떠올려 보는 거예요.

4장 뇌 연결 고리 사슬을 키워라!

1. "뉴런이 다른 뉴런에 보내는 <u>신호</u>가 사람의 <u>생각</u>을 형성한다."
2. 이건 직접 해 보세요!
3. 축삭 돌기가 가지 돌기 가시에 전기 충격을 줘요. 다시 말해, 신호는 한 뉴런의 축삭 돌기에서 옆에 있는 뉴런의 가지 돌기 가시로 전달돼요.
4. 쓸모없어진 비유는 버리고 새로운 비유를 찾으면 돼요.
5. 1900년대 초반의 현미경은 지금의 현미경에 비해 성능이 떨어져서, 서로 바짝 붙어 있는 뉴런과 뉴런 사이의 작은 틈(시냅스)을 볼 수 없었어요.
6. 시냅스가 반복적으로 연결돼 이어진 뉴런들이에요. 뇌 연결 고리 사슬은 새로운 내용을 배우고 그 내용을 자주 복습하면 생겨요.
7. 쥐가 숲길을 따라 뛰어다니듯, 생각은 뉴런과 시냅스를 따라 흘러요. 쥐가 숲길을 많이 다닐수록 그 길은 더 뚜렷해지고 넓어져요. 마찬가지로, 어떤 생각을 자주 하면 뉴런의 길이 더 두껍고 넓어지며 뇌 연결 고리 사슬이 더 튼튼해져요.
8. "새로운 내용을 공부하면 뇌에 새로운 <u>뇌 연결 고리 사슬 / 시냅스 / 가지 돌기 가시</u>가 생긴다." 셋 중에 어떤 것을 써도 맞아요.

6장 잠을 자면 더 똑똑해진다고?

1. 자는 동안 새로운 가지 돌기 가시가 '쑥' 자라 점점 커지기 때문이에요. 또한 자

는 동안 뇌는 낮에 습득한 정보를 복습해요. 복습하는 동안 전기 신호가 발생하는데, 가지 돌기 가시가 빠르게 자라는 건 이 신호 때문이기도 해요.
2. 새로운 가지 돌기 가시와 시냅스는 공부 중인 내용에 '진짜로' 집중할 때만 자라기 때문이에요. 집중하지 않으면 자라지 않죠.
3. 새로운 개념을 연습하면 그와 관련된 시냅스가 더 튼튼해져요.
4. 시간 간격을 두고 공부하면 가지 돌기 가시와 시냅스가 자랄 시간이 더 많아지고 뉴런의 구조가 더 튼튼해져요.
5. 이건 직접 해 보세요!
6. 이건 직접 해 보세요!

7장 기억의 구조: 작업 기억과 장기 기억

1. 작업 기억이 책가방과 같은 건 바로 쓸 수 있어서 편리하지만 한정된 양의 정보만 담을 수 있기 때문이에요.
2. 생각 문어(작업 기억)는 전전두엽 피질에서 살아요.
3. 작업 기억에는 보통 네 개의 정보를 담을 수 있어요. 사람에 따라 네 개보다 더 많거나 적은 수의 정보가 담기기도 해요.
4. 장기 기억이 사물함과 같은 건 온갖 잡다한 것들을 다 담을 수 있기 때문이에요. 장기 기억에는 엄청나게 많은 걸 담을 수 있어요. 그래서 필요한 정보를 금방 찾기 어려울 때도 있어요.
5. 장기 기억은 뇌 곳곳에 흩어져 있어요.

8장 기억력을 높이려면 사실이 아닌 장면을 기억하라

1. 장기 기억력은 누구나 높일 수 있어요. 장기 기억력을 높이려면 넬슨 델리스의 다섯 가지 암기 비법을 따르면 돼요(집중, 연습, 장면, 저장, 회상). 기억의 궁전 기법이나 노래 활용하기, 비유하기, 필기하기, 다른 사람 가르치기, 외우려는 개념이나 사물의 입장에 서기 등의 방법을 써도 좋아요. 다만 단기 기억력을 높이는 법은 아직 밝혀지지 않았어요.

2. 기억의 궁전 기법은 집이나 학교에 가는 길, 내가 사는 동네나 주, 나라의 지도처럼 익숙한 장소를 활용하는 암기법이에요. 먼저 외우고자 하는 사실을 기억에 남는 이미지로 바꾼 다음 그 이미지들을 잘 아는 장소, 즉 나만의 기억의 궁전 안에 배치해요. 마지막으로, 각각의 이미지와 그 이미지가 대표하는 사실을 떠올리는 연습을 해요.

3. 장기 기억은 정보를 사실과 장면의 두 가지 형태로 저장하는데요, 사실은 저장하기 어렵고 장면은 저장하기 쉬워요.

4. 어떤 장면을 기억에 더 확실히 남기려면, 그 장면을 엉뚱하고 재미있게 만들면 돼요. 동작을 추가하면 더 좋아요. '킹콩King Kong이 냄비pot 위에서 훌라춤을 추는' 장면을 머릿속에 그리면 'K'가 '포타슘potassium'이라는 원소의 약자라는 걸 더 쉽게 외울 수 있어요.

9장 배우면 배울수록 점점 쉬워지는 이유

1. 뇌 연결 고리 사슬이 중요한 이유는, 사슬이 생기면 정보를 더 빨리 처리할 수 있기 때문이에요. 즉, 생각 문어가 할 일이 줄어들어요.

2. '생각 문어'는 작업 기억 체계에 대한 비유예요. 생각 문어는 팔이 네 개뿐이라 한정된 양의 정보만 잡고 있을 수 있어요. 또한 장기 기억으로 팔을 뻗어 필요한 정보를 붙잡아 작업 기억으로 옮겨요.

3. 옷 입기를 예로 들 수 있어요. 어릴 때 처음으로 혼자 옷을 입을 때는 5분, 혹은 그 이상이 걸렸을 거예요. 결과물도 형편없었고요. (셔츠를 뒤집어 입기 일쑤였을 거예요!) 하지만 옷 입기와 관련된 뇌 연결 고리 사슬이 생기고 난 지금은 고작 1분밖에 안 걸릴 거예요.

   수학 문제를 완전히 이해해서 모든 풀이 단계를 적극적으로 회상할 수 있게 되는 것도 뇌 연결 고리 사슬이 생긴 예시예요. 스포츠나 수공예, 수학, 과학, 춤, 언어 등의 분야에서 기술이나 개념을 익혔을 때도 마찬가지고요. 심지어 알파벳 'a'를 읽을 줄 아는 간단한 능력이 생기는 것도 뇌 연결 고리 사슬 덕분이에요. '고양이'라는 단어를 읽을 줄 안다는 건 더 큰 사슬이 생겼다는 뜻이고요.

4. 텔레비전 소리와 같은 배경 소음을 틀어 두면 생각 문어가 산만해져요. 소음이

어떻게 공부할지 막막한 너에게

생각 문어의 팔을 하나 이상 차지해 작업 기억을 최대한 활용할 수 없어요!

5. 과제 전환을 하면 생각 문어가 할 일이 쓸데없이 많아지기 때문이에요. 어떤 뇌 연결 고리 사슬을 잡고 일하던 생각 문어가 다른 사슬을 바꿔 잡았다가 다시 원래 잡고 있던 사슬을 잡아야 한다고 생각해 봐요. 이게 계속 반복되면 얼마나 피곤하겠어요!

6. 숙제를 할 때는 스마트폰을 보이지 않는 곳에 두는 게 좋아요. 보이는 곳에 두면 계속 전화기를 흘끔거리게 되고, 그럴 때마다 생각 문어는 뇌 연결 고리 사슬을 떨어뜨렸다가 다시 주워야 해요. 혹은 스마트폰에 포모도로 애플리케이션을 깔아 쓰면, 스마트폰을 공부에 활용할 수 있어요.

7. 개념을 이해하기만 해서는 뇌 연결 고리 사슬이 생기지 않아요. 새로운 개념을 이해하고 연습해야 해요. 이해와 연습은 정비례해요. 연습을 많이 할수록 배운 내용을 더 잘 이해할 수 있어요.

8. 관련된 뇌 연결 고리 사슬들이 체계적으로 갖춰져야 해요!

9. 나라면 불타는 건물에서 사람들을 구조하는 연습을 실제로 한 소방관을 선택할 거예요. 화재 진압은 매 순간 생사가 오가는 위험한 작업으로, 소방관은 시시각각 벌어지는 위험한 상황에 빠르고 적절하게 대응할 수 있어야 해요. 그러려면 스트레스가 높은 상황에서도 실수하지 않도록 훈련이 잘된 뇌 연결 고리 사슬을 갖추고 있어야 해요. 이런 종류의 뇌 연결 고리 사슬은 그저 지켜보기만 해서는 생기지 않아요!

11장 뇌를 잘 쓰려면 움직이고 먹어라

1. 해마예요. 사실과 사건을 기억하는 데 중요한 역할을 하죠.

2. 고등학교 농구팀의 경우, 매년 선배 선수들은 떠나고 새로운 선수들이 입단해요. 새로운 동작을 배우는 농구팀의 신입 선수들처럼, 해마에서 매일 태어나는 새로운 뉴런도 '새로운 동작'을 배울 수 있어요

3. "BDNF가 뇌에 분비되면 가지 돌기 가시가 길어지고 두꺼워진다."

4. 운동을 하면 얻는 이익은 다음과 같아요.
    · 뇌에서 BDNF가 더 잘 분비돼요. BDNF는 뉴런의 성장을 돕는 비료와 같아요.

- 이해하고 결정을 내리고 집중하는 능력이 높아져요.
- 과제 전환을 더 잘할 수 있어요.
- 정신 질환을 치료하는 데 도움이 돼요.
- 새로운 생각을 떠올리게 하는 물질이 분비돼요.

5. 양파과 채소, 양배추과 채소, 여러 색깔의 과일, 다크 초콜릿, 견과류가 포함된 식단이 건강한 식단이라 할 수 있어요.

12장 쉬운 길만 가면 고수도 하수가 된다

1. 각각의 퍼즐 조각이 뇌 연결 고리 사슬과 비슷하기 때문이에요. 뇌 연결 고리 사슬, 즉 퍼즐 조각은 쓰는 연습을 자꾸 해야 색깔이 진하게 드러나요. 퍼즐 조각을 충분히 많이 맞추면, 고수가 될 수 있어요!

2. 다음과 같이 설명해 보면 어떨까요?
"인터리빙은 한 묶음의 카드를 마구 섞는 것과 비슷해. 카드를 섞으면 내 차례에 어떤 카드가 나올지 알 수 없어. 인터리빙 방식으로 공부하면 어떤 형식의 문제가 나오든 더 잘 대처할 수 있어. 그러면 시험에서 예상치 못한 질문이 나와도 더 잘 풀 수 있게 돼."

3. 쉽게 느껴지는 내용이나 이미 배운 내용만 연습하는 공부 방식이에요.

4. 이렇게 말할 거예요. "그렇게 연습해서는 절대 실력을 키울 수 없어!"

5. 수학이나 과학 등 추상적인 과목을 잘하려면 첫째, 풀 문제를 찾아요. 둘째, 문제 풀이 과정이 잘 아는 노래처럼 저절로 떠오를 정도로 자주 풀어요. 물론 혼자 힘으로 말이에요!

13장 나를 연구하는 과학자가 돼라

1. 가사가 있는 시끄러운 음악은 공부에 방해가 될 가능성이 커요. 하지만 가사가 없는 조용한 음악은 집중에 도움이 되기도 해요. 공부에 도움이 되는 음악 장르는 사람마다 다르고, 어떤 사람은 음악이 아예 도움이 되지 않는다고 느끼기도 하죠. 음악을 틀지 말지, 어떤 음악을 틀지는 스스로 연구해 보고 결정해야 해요.

2. 평소 같은 장소에서 공부하다 그 장소와 다른 곳에서 시험을 보면 생각 문어가 헷갈릴 수 있어요. 장소를 바꿔 가며 공부하면, 어디에서 시험을 보든 생각 문어가 필요한 뇌 연결 고리 사슬을 쉽게 붙잡을 수 있어요.

3. 본인이 '청각형' 학습자라는 이유로 소리에만 의존하면 시각 자료 등 다른 학습 수단을 피하게 돼요. 그러면 전체적인 학습 효과가 떨어질 수 있어요. 사실 학습 효과는 감각을 최대한 많이 활용할 때 가장 높아요.

4. 방정식을 예로 들면, 우선 눈으로 볼 수 있어요. 또 소리 내어 읽으면 그 소리를 들을 수 있고, 입으로 그 소리를 발음하며 느낄 수도 있어요. 두 손을 양쪽으로 뻗어 왼손은 방정식의 좌변, 오른손은 방정식으로 우변이라고 생각해 보는 것도 방법이에요. (느낌이 어떤가요? 방정식의 균형이 맞는 것 같나요?) 수학 기호를 몸동작에 빗댈 수도 있어요. 예를 들어, 곱셈 기호는 밀기와 비슷하니 더 큰 수를 곱할 때는 더 세게 민다고 생각하면 좋겠죠?

5. 잠이 들면 뇌세포가 쪼그라들고, 쪼그라든 뇌세포와 뇌세포의 사이로 뇌척수액이 흘러 뇌의 독소가 씻겨 내려가요.

6. 가장 어려운 일부터 하라는 뜻이에요. 그러면 공부하다 막힐 때 잠시 쉬면서 다른 주제로 전환함으로써 분산 모드를 작동시켜 창의력을 발휘할 수 있어요.

7. 공부를 끝내는 종료 시간을 정해 엄격하게 지키는 것이에요. 이렇게 하면 공부할 때 더 효과적으로 집중할 수 있어요.

14장 공부에 대한 몇 가지 뜻밖의 사실들

1. 액션 비디오 게임과 공간형 비디오 게임을 하면 사고력을 높일 수 있어요. 액션 비디오 게임을 하면 집중력과 시력을, 공간형 비디오 게임을 하면 마음속으로 사물을 회전하는 능력을 높일 수 있죠.

2. 중독성이 있다는 거예요. 그러니 지나치게 많이 하지 않도록 조심해야 해요.

3. 노트 필기를 하는 이유는 수업을 들을 때 요점을 적어 두었다가 나중에 보고 복습하면서 뇌 연결 고리 사슬을 강화하기 위해서예요. 노트 필기는 손으로 직접 하는 게 제일 좋아요. 우선 공책의 한 면을 두 칸으로 나누고, 한쪽 칸에는 수업 때 들은 내용의 요점을 적고, 다른 칸에는 수업 후 필기한 요점을 복습하고 적

극적 회상을 통해 떠올리면서 요점을 더 간추려 적어요.

4. 머릿속에서 똑같은 길로만 계속 흘러 특정한 방식으로 고정된 생각을 뜻해요. 생각이 틀에 박히면 사고의 유연성이 떨어져요.

5. 일정 시간을 투자해 좋아하는 일과 전혀 다른 일을 해 보는 거예요. 그러면 사고가 유연해지고 창의력을 더 많이 발휘할 수 있어요. 예를 들어 비유를 활용하면 어떤 분야와 관련된 개념을 전혀 다른 분야에 접목할 수 있어요!

6. 잘 아는 주제의 개념을 활용해 다른 주제를 더 쉽게 배우는 현상이에요. 비유법을 쓰면 전이가 더 잘 일어나죠.

7. 작업 기억의 용량이 작은 사람은 생각 문어의 팔의 개수가 비교적 적어서, 작업 기억에 복잡한 생각을 담기 어려워요. 복잡한 개념들을 다루려면 그 개념들을 연결해야 하는데, 그 과정에서 개념이 단순해져서 사람들이 놓치곤 하는 간단하고 명쾌한 통찰과 해법을 찾을 수 있어요! 또한 작업 기억의 용량이 작은 사람의 생각 문어는 생각을 쉽게 놓치는 대신 놓치고 나서 다른 새로운 생각을 붙잡아요. 바로 이때 창의력이 발휘돼요. 정보를 습득하고 연결할 때 남보다 더 많은 노력을 기울여야 하지만, 덕분에 얻는 것도 있어요.

8. 정말 많은 다양한 기술과 주제를 잘 배울 수 있어요. 남보다 시간이 더 걸릴 수는 있지만 자전거 타는 법이나 곱셈을 잘 배울 수 있어요. 식물의 구조를 외우려면 남보다 두 배, 혹은 그 이상 공부해야 하지만 언젠가는 외울 수 있어요.

15장 시험 잘 보는 법

1. 밤에 숙면을 취하는 거예요!

2. 어려운 문제를 풀다 막혀서 짜증이 나기 시작하면 다음 문제로 넘어가야 해요.

3. 첫째, 복식 호흡이 큰 도움이 돼요. 둘째, '시험 때문에 긴장돼'라고 생각하지 말고, '최선을 다해 시험 볼 생각을 하니 흥분돼!'라고 생각하는 거예요.

4. 눈을 깜박이며 잠시 주의를 돌린 다음 전체적인 관점으로 답을 검토해 보면 돼요.

다음은 이 책에서 다룬 여러 주제에 대해 새로운 관점을 제시하는, 추천할 만한 자료
들이에요.

| 웹사이트 |

- **칸 아카데미**Khan Academy
  https://www.khanacademy.org/ (한국어 웹사이트 https://ko.khanacademy.org/)
  아주 훌륭한 웹사이트예요. 각각의 동영상을 보고 나서 본 내용을 적극적으로 연
  습하면 더 좋아요!

- **스마틱**Smartick
  https://www.smartickmethod.com/
  철저한 연습을 바탕으로 수학의 기초를 탄탄하게 세우는 프로그램이에요. 수학
  이 어려운 학생에게는 훌륭한 공부 자료가 될 거예요. 수학을 잘하는 학생도 이
  사이트를 활용하면 더 잘할 수 있어요.

- **브레인HQ** BrainHQ
  https://www.brainhq.com/ (한국어 웹사이트 - https://ko.brainhq.com/)

과학적 근거를 갖춘 몇 안 되는 '인지 능력 향상' 프로그램이에요. 특히 집중력을 높이고 싶은 노인들에게 도움이 돼요. 할머니나 할아버지가 머리가 굳었다고 불평하시면 이 프로그램을 추천해 드려도 좋아요!

- **청소년을 위한 프런티어**Frontiers for Young Minds
  https://kids.frontiersin.org/
  과학자들이 쓴 기사를 아이들이 편집하고 검토해 올리는, 아이들을 위한 과학 잡지 웹사이트에요.

- **퀸즐랜드 뇌 연구소**The Queensland Brain Institute
  https://qbi.uq.edu.au/
  훌륭한 특집 기사와 팟캐스트, 잡지를 제공해요.

- **브레인팩트**Brainfacts
  https://www.brainsfacts.org/
  뇌의 작동 방식에 대한 온갖 정보를 제공해요.

- **신경계 특강**The Nervous System
  https://www.youtube.com/watch?time_continue=113&v=qPix_X-9t7E
  유익할 뿐 아니라 재미있는 동영상이에요. 유튜브 채널 CrashCourse에서 볼 수 있어요.

- **초심자를 위한 다섯 가지 기억력 향상법**5 Memory Tips to Get You Started
  https://www.youtube.com/watch?v=bEx60e_45-Q
  미국 기억력 대회에서 네 차례나 우승한 넬슨 델리스가 기억력 향상 훈련을 처음 하는 사람들을 위해 올린 동영상이에요. 넬슨이 쓴 책, 『기억해!Remember It!』도 읽어 보세요.

- **학습법 배우기**Learning How to Learn

  https://www.coursera.org/learn/learning-how-to-learn

  이 책의 저자인 바브와 테리가 강의하고 캘리포니아 대학교 샌디에이고에서 제
  공하는 온라인 공개 교육이에요.

- **사고의 전환**Mindshift

  https://www.coursera.org/learn/mindshift

  역시 바브와 테리가 강의하고 캘리포니아 대학교 샌디에이고에서 제공하는 온라
  인 공개 교육이에요. 학습의 장애물을 극복하고 잠재력을 찾도록 도와줘요.

| 청소년을 위한 뇌 관련 책 |

- 《My First Book About the Brain》(Patricia J. Wynne & Donald M. Silver, Dover
  Children's Science Books, 2013)

  수업 교재로도 쓰이는 아주 유익한 색칠하기 책이에요. 8~12세를 대상으로 하는
  책이지만, 어른들도 뇌에 대해 배우는 동시에 마음이 편안해지는 색칠 공부를 즐
  길 수 있어요.

- 《The Brain: All About Our Nervous System and More!》(Seymour Simon,
  HarperCollins, 2006)

  6~10세를 위한 책이에요. 방사선으로 촬영한 색색의 이미지가 실려 있고 장기 기
  억과 단기 기억, 뉴런, 가지 돌기 등을 설명했어요.

- 《What Goes On in My Head?》(Robert Winston, DK Publishing, 2014)

  9~13세를 위한 책으로, 다채로운 이미지를 활용해 뇌가 어떻게 작동하는지 감을
  잡게 도와줘요.

| 각종 프로그램 |

- 학습 장애가 있는 사람들을 위한 신경과학 기반 프로그램
  https://www.scilearn.com에서 제공하는 'Fast ForWord'와 'Reading Assistant' 소프트웨어가 유익해요. 낮은 독해력이나 난독증, 자폐 범주성 장애, 또는 일반적 학습 장애를 가진 사람들을 위한 프로그램이에요.

- 영어 학습자를 위한 신경과학 기반 프로그램
  https://www.scilearn.com에서 제공하는 'Reading Assistant' 소프트웨어가 유익해요. (세계 곳곳에 관련 프로그램과 센터가 많이 있으니 찾아보세요.)

| 성인을 위한 학습 관련 책 |

- 《이과형 두뇌 활용법》(바버라 오클리, 문학동네, 2021)
  내가 쓴 책이라서 하는 말이 아니라, 학습의 전반을 다룬 좋은 책이에요. 우리 책에 나온 개념들을 일부 다루고 있고 성인의 관점으로 통찰한 다른 개념들도 다수 실려 있어요.

- 《인생을 바꾸는 생각들》(바버라 오클리, 포레스트북스, 2021)
  인간이 학습으로 얼마나 많이 달라질 수 있는지 탐구한 책이에요. 여러분도 여러분이 생각하는 것보다 훨씬 더 많이 바뀔 수 있어요!

- 《어떻게 공부할 것인가》(헨리 뢰디거 외, 와이즈베리, 2014)
  성인을 위한 학습 관련 책 중에 우리가 특히 좋아하는 책이에요.

- 《딥 워크》(칼 뉴포트, 민음사, 2017)
  학습은 세심한 주의를 기울이는 능력에 좌우될 때가 많아요. 이 책에는 집중력에 대한 저자의 훌륭한 통찰이 담겨 있어요.

- 《1만 시간의 재발견》(안데르스 에릭슨 외, 비즈니스북스, 2016)
  참고로 이 책에 나온 '심적 표상'은 우리 책에서 '뇌 연결 고리 사슬'이라고 부르는
  개념과 비슷해요.

- 《The Art of Changing the Brain: Enriching the Practice of Teaching by
  Exploring the Biology of Learning》(James E. Zull, Stylus Publishing, 2002)

- 《The Art of Learning: An Inner Journey to Optimal Performance》(Josh Waitzkin,
  Free Press, 2008)

- 《I am Gifted, So Are You!》(Adam Khoo, Marshall Cavendish, 2014)
  저자의 개인적인 경험과 현실적인 조언이 와닿는 책이에요.

- 《Remember it! The Names of People You Meet, All Your Passwords, Where
  You Left Your Keys, and Everything Else You Tend to Forget》(Nelson Dellis,
  Abrams Image, 2018)
  기억력을 높이고 싶은 성인을 위한 최고의 책이에요.

미주

2장 너무 열심히 공부하면 안 되는 이유

1   드디어 이 책의 끝까지 온 여러분, 축하해요! 이건 첫 번째 미주예요. 미주에는
대부분 이 책에 나온 개념의 출처를 알고 싶어 하는 성숙한 독자들을 위한 내용
이 실려 있어요. 모든 개념의 출처를 다 알려 줄 수는 없어요. 그러면 본문보다
미주가 훨씬 길어질 테니까요. 하지만 중요하고 흥미로운 출처는 미주에 밝혔
어요. 조사가 잘된 책은 보통 미주가 달려 있으니 그 조사가 믿을 만한지 직접
확인할 수 있어요. 혹은 작가는 흥미롭다고 생각하지만 주제와는 다소 동떨어
진 정보가 실리기도 해요. 추가 정보를 넣을지 말지는 상황에 따라 저자가 결정
해요. 원하면 건너뛰어도 되고요.

이 책의 첫 번째 미주는 집중 모드에 관한 정보예요. 인지 심리학자들은 집중 모
드 때 활성화하는 네트워크를 '과제 양성 네트워크'라고 불러요. 2014년에 신 디
Xin Di와 바랏 B. 비스왈Bharat B. Biswal이라는 두 학자가 이 개념을 주제로 논문
을 발표했어요. 앞으로 이 논문을 언급할 때는 줄여서 'Di & Biswal(2014)'로 표
기할 거예요. 이 논문에 대한 자세한 정보는 참고 문헌에 실어 두었어요.

신경과학자들은 이 책에 나오는 분산 모드를 다른 방식으로 인식해요. 어떤 학
자들은 분산 모드가 다수의 뉴런 휴지기로 구성되어 있다고 생각해요(Moussa et
al.(2012)). ('et al.'은 다른 공저자들을 약칭하는 단어니 참고하세요!) 분산 모드를 '디폴

트 모드 네트워크'의 서로 다른 형태가 번갈아 활성화한 상태로 보는 학자들도 있어요. 참고 문헌에 실린 칼리나 크리스토프Kalina Christoff와 그 외 공저자들이 집필한 논문을 보면, 뇌가 휴식을 취할 때 뇌의 여러 부위들이 어떻게 활성화되는지 알 수 있을 거예요(Christoff et al.(2016)). 단, 크리스토프의 논문은 다른 많은 논문들이 그렇듯이 상당히 어려워요.

2   요안나 루카시아크-홀리스즈Joanna Łukasiak-Hołysz가 한 비유를 인용했어요.

3   https://www.famousscientists.org/7-great-examples-of-scientific-discoveries-made-in-dreams/

4   동전을 아래의 그림처럼 움직이면 돼요. 꼭짓점이 아래로 향한 역삼각형이 새로 생겼죠?

3장 토마토를 이용해 미루는 습관 고치기

1   Karpicke & Blunt(2011); Bird et al.(2015).

2   Smith et al.(2016). '적극적 회상'은 이 문헌에 나온 '인출 연습'과 같아요.

3   Karpicke & Blunt(2011).

4장 뇌 연결 고리 사슬을 키워라!

1   Ramón y Cajal(1937)(재판 1989)

2   이 과정은 '신경 전달 물질'과 관련이 있어요. 하지만 이 책에서는 이렇게 복잡

한 수준까지는 파고들지 않을 거예요.

3 사람들은 흔히 이 표현을 캐나다의 신경 심리학자인 도널드 헵Donald Hebb이 1949년에 처음 썼다고 알고 있어요. 하지만 이 표현은 헵의 핵심 개념 중 하나를 아주 간단히 요약한 문장에 불과해요. 신경과학자라면 누구나 동의하겠지만, 헵의 이론은 꽤 복잡해요.

4 이 책에서는 그냥 쉽게 '뇌 연결 고리 사슬'이라고 쓰지만, 실제 신경과학자들은 뇌 연결 고리 사슬이 생기는 과정에 대해 '청크Chunk' 혹은 '청킹Chunking'이라는 용어를 써요(Guida et al.(2013); Guida et al.(2012)). 인지 심리학자들은 비슷한 개념에 심적 표상Mental representation이라는 표현을 쓰고요(Ericsson&Pool(2016)). 이 책에서 신경과학계에서 널리 쓰이는 '청크' 대신 '뇌 연결 고리 사슬'이라는 용어를 쓰기로 한 건, '청크'가 헷갈리기 쉬운 용어이기 때문이에요. (이와 관련해서는 Gobet et al.(2016)을 참고해요) 한편 '심적 표상'이라는 표현은 뉴런이 연결되는 느낌을 받기 힘들어요.

5 Anacker & Hen(2017).

6 학습을 하면 새로운 뉴런이 더 잘 생기기도 해요. 새로운 뉴런의 탄생과 성장을 '신경 발생'이라고 하는데요, 신경 발생은 최근 신경과학계에서 활발한 연구가 이루어지고 있는 주제예요. 이와 관련해서는 Anacker & Hen(2017)를 참고해요. 이 책은 뇌에서 벌어지는 중요한 과정을 아주 간략하게 설명한다는 사실을 잊지 말아요. 학습이 이루어지고 기억이 저장되려면 다른 많은 과정을 거쳐야 해요. 그 예는 Gallistel & Matzel(2013)을 참고하세요.

7 연습을 많이 할수록 뇌 연결 고리 사슬이 더 튼튼해져요. 이 책에서는 뇌 연결 고리 사슬과 여러 쌍의 뉴런을 그려 상징적으로 표현했지만 실제 과정은 이보다 훨씬 복잡해요. 연습을 많이 하면 시냅스 연결이 더 많이 되고, 새로운 시냅스와 뉴런이 기존의 사슬에 더 많이 연결돼요. 이 과정을 전문 용어로 '미켈린 형성myclination'이라고 해요. 이 과정을 거치면 뉴런의 전기 신호가 절연 처리되고 전달되는 속도가 빨라져요. 그 외에도 다른 많은 과정이 있죠.

8 Anderson(2014).

9 이 부분은 엘레나 베니토Elena Benito의 자문을 바탕으로 쓰였어요(2017년 11월 이메일 서신).

어떻게 공부할지 막막한 너에게

6장 잠을 자면 더 똑똑해진다고?

1   Yang et al.(2014).

2   Carpenter et al.(2012); Vlach & Sandhofer(2012).

3   Karpicke & Bauernschmidt(2011).

7장 기억의 구조: 작업 기억과 장기 기억

1   Baddeley et al.(2009)는 기억을 과학적으로 탐구한 책 중 최고로 손꼽히는 책이
     에요.

2   Cowan(2001). 엄밀히 말해 생각 문어는 '옥토퍼스octopus'가 아니라 '쿼드로퍼스
     quadrapus'죠. (접두사 octo-는 8을 뜻하고, 접두사 quard-는 4를 뜻한다. -옮긴이)

3   Qin et al.(2014).

4   Anguera et al.(2013).

8장 기억력을 높이려면 사실이 아닌 장면을 기억하라

1   이번 미주는 뇌가 어떻게 작동하는지 어느 정도 감을 잡았고 의미 기억과 삽화
     기억의 생물학적 차이가 궁금한 독자들을 위해 달았어요. 현재까지 밝혀진 바
     에 따르면, 의미 기억은 전두엽 피질 및 측두엽 피질과 관련이 있고, 삽화 기억
     은 적어도 처음에는 해마 부위와 관련이 있어요. 기억의 구조를 밝혀내려면 아
     직 더 많은 연구가 이뤄져야 해요!

2   넬슨의 암기 비법은 다음의 유튜브 동영상에도 나와 있어요. https://youtu.be/
     watch?v=bEx60e_45-Q

3   Ericsson(2003); Maguire et al.(2003); Dresler et al.(2017).

4   Hunt & Thomas(1999), 95쪽.

5   넬슨 델리스가 바브 오클리에게 보낸 서신(2017년 9월 2일).

9장 배우면 배울수록 점점 쉬워지는 이유

1   앞서 나왔듯, 우리가 '뇌 연결 고리 사슬'이라 부르는 개념을 신경과학자들은 '신경 청크', 인지 심리학자들은 '심적 표상'이라고 불러요.

2   장기 기억은 서로 다른 다수의 뇌 네트워크의 해부 조직 속에 잠복해 있어요. 어떤 뇌 부위로부터 감각 정보가 입력되면 뉴런의 부분 집합이 전기적 및 생화학적으로 활성화해요. 따라서 이 책에서 '연결'은 '활성화'를 뜻해요.

3   Rittle-Johnson et al.(2015).

4   보다 자세한 내용을 알고 싶다면 《이과형 두뇌 활용법》을 읽어 보세요.

5   Partnoy(2012), 73쪽. 저자는 이어서 이렇게 말해요. "자신이 현재 무의식적으로 하고 있는 일을 정확히 이해하면 때로는 자연스러운 즉흥성이 죽을 수 있다. 현재 하는 일을 너무 많이 의식하면 필요할 때 본능이 자연스럽게 발현되지 못한다. 하지만 그렇다고 의식을 전혀 하지 않으면 본능을 영영 개선할 수 없게 된다. 몇 초 사이에 하긴 어려운 일이지만, 의사 결정을 좌우하는 요인들을 의식하되 너무 의식해서 형식적이고 무익한 결정을 내리지 않도록 조심해야 한다."(111쪽)

6   Guskey(2007).

7   Sweller et al.(2011).

8   Shenhav et al.(2017); van der Schuur et al.(2015).

9   이 부분은 엘레나 베니토Elena Benito의 자문을 바탕으로 쓰였어요(2017년 11월 이메일 서신).

11장 뇌를 잘 쓰려면 움직이고 먹어라

1   Van Praag et al.(1999).

2   Szuhany et al.(2015).

3   Lu et al.(2013).

4   Lin & Kuo(2013).

5   Van Praag(2009).

어떻게 공부할지 막막한 너에게

12장 쉬운 길만 가면 고수도 하수가 된다

1 Thurston(1990), 846~847쪽.

2 Ericsson(2006).

3 Butler(2010). 이 주제를 더 자세히 알고 싶다면 학생들에게 가장 효과적인 공부법을 다룬 두 건의 훌륭한 논문, Roediger & Pyc(2012)와 Dunlosky et al.(2013)을 참고해요. 학습에 관한 최신 연구와 연구 결과를 삶에 적용하는 법을 다루었으며 성인을 대상으로 한 책으로는 Brown et al.(2014)과 Oakley(2014), Oakley(2017)가 있어요. '바람직한 어려움'에 대한 로버트와 엘리자베스 비요크의 연구도 이 주제와 관련이 있어요. 이 연구의 개요가 궁금하다면 Bjork & Bjork(2011)를 참고해요.

4 Rohrer & Pashler(2010); Rohrer et al.(2014).

5 Phillips(1995); Kirschner et al.(2006).

6 Rittle-Johnson et al.(2015).

7 이 부분은 젤라 맥니콜스Zella McNichols 의 자문을 바탕으로 쓰였어요(2017년 12월 7일, 제레미아 맥니콜스의 이메일 서신).

13장 나를 연구하는 과학자가 돼라

1 Baddeley et al.(2009), 8장.

2 이 부분의 정보 중 일부는 바브의 온라인 공개 교육 'Mindshift'의 동영상에서 발췌했어요(https://www.coursera.org/learn/mindshift/lecture/K0N78/2-9-integrate-all-your -senses-into-learning-the-pitfalls-of-learning-styles). 베스 로고우스키Beth Rogowsky의 논문, Rogowsky et al.(2015)도 참고하면 좋아요. 베스와 테리의 웨비나(웹 세미나)도 찾아보세요(https://www.brainfacts.org/for-educators/for-the-classroom/2016/learning-styles- hurt-learning-101216). 이 웨비나(웹사이트에서 진행되는 세미나)에서 베스는 중요한 사실을 지적해요. '학생이 선호하는 학습 방식에 맞춰 가르치기'를 강조하는 교사는 소송을 당할 수도 있다는 사실이에요. Coffield(2010)와 Willingham(2010)도 참고해요.

3   Xie et al.(2013).

4   Walker(2017).

5   이와 관련해 최근의 어느 연구(Settles & Hagiwara(2018))에 따르면, 언어 학습 애
     플리케이션인 듀오링고Duolingo에서 학습 효과가 가장 높은 이용자는 주말을 포
     함해 매일 밤 잠들기 직전에 배운 내용을 복습한 것으로 드러났어요.

6   Patston & Tippett(2011); Shih et al.(2012); Thompson et al.(2012).

7   이 부분은 칼리아니 칸둘라의 자문을 바탕으로 쓰였어요(2017년 11월 22일, 이메
     일 서신).

14장 공부에 대한 몇 가지 뜻밖의 사실들

1   Bavelier et al.(2012); Anguera et al.(2013); Schenk et al.(2017).

2   DeCaro et al.(2015).

3   White & Shah(2011).

15장 시험 잘 보는 법

1   Belluck(2011); Karpicke & Blunt(2011).

2   펠더 박사의 웹사이트를 방문해 보세요. https://www.engr.ncsu.edu/stem-
     resources/legacy-site/STEM(과학Science, 기술Technology, 공학Engineering, 수학
     Math의 줄임말. - 옮긴이) 과목의 학습에 관한 유용한 정보가 총망라되어 있어요.
     펠더 박사의 시험 점검표 원본은 Felder(1999)에 실려 있어요.

3   Smith et al.(2016).

4   Sapolsky(2015); Luksys & Sandi(2014).

5   Beilock(2010), 140~141쪽.

6   Rupia et al.(2016).

16장 '공부해야 한다'가 아닌 '공부할 수 있다'

1   DeFelipe et al.(2014).
2   Burton(2008).

'배운 내용 확인하기' 정답

1   온라인 공개 교육 'Mindshift'에 대한 비크란트 카란디카Vikrant Karandikar, 후안
    프란 고메스 마르틴Juan Fran Gómez Martín, 데니스 세페다Dennise Cepeda의 댓글
    에 나온 비유를 인용했어요.

Anacker, C, and R Hen. "Adult hippocampal neurogenesis and cognitive flexibility linking memory and mood." *Nature Reviews: Neuroscience 18*, 6 (2017): 335–346.

Anderson, ML. *After Phrenology: Neural Reuse and the Interactive Brain.* Cambridge, MA: MIT Press, 2014.

Anguera, JA, et al. "Video game training enhances cognitive control in older adults." *Nature* 501, 7465 (2013): 97–101.

Baddeley, A, et al. *Memory.* New York: Psychology Press, 2009.

Bavelier, D, et al. "Brain plasticity through the life span: Learning to learn and action video games." *Annual Review of Neuroscience* 35 (2012): 391–416.

Beilock, S. Choke: *What the Secrets of the Brain Reveal about Getting It Right When You Have To.* New York: Free Press, 2010.

Belluck, P. "To really learn, quit studying and take a test." *New York Times,* January 20, 2011. http://www.nytimes.com/2011/01/21/science/21memory. html.

Bird, CM, et al. "Consolidation of complex events via reinstatement in posterior cingulate cortex." *Journal of Neuroscience* 35, 43 (2015): 14426–14434.

Bjork, EL, and RA Bjork. "Making things hard on yourself, but in a good way:

Creating desirable difficulties to enhance learning." Chapter 5 in *Psychology and the Real World: Essays Illustrating Fundamental Contributions to Society*, MA Gernsbacher, RW Pew, LM Hough, and JR Pomerantz, eds. New York: Worth Publishers, 2011, pp. 59–68.

Brown, PC, et al. *Make It Stick: The Science of Successful Learning*. Cambridge, MA: Harvard University Press, 2014. 한국어판은 《어떻게 공부할 것인가》, 김 아영 옮김, 와이즈베리, 2014.

Burton, R. *On Being Certain: Believing You Are Right Even When You're Not*. New York: St. Martin's Griffin, 2008.

Butler, AC. "Repeated testing produces superior transfer of learning relative to repeated studying." *Journal of Experimental Psychology: Learning, Memory, and Cognition* 36, 5 (2010): 1118.

Carpenter, SK, et al. "Using spacing to enhance diverse forms of learning: Review of recent research and implications for instruction." *Educational Psychology Review* 24, 3 (2012): 369–378.

Christoff, K, et al. "Mind-wandering as spontaneous thought: A dynamic framework." *Nature Reviews Neuroscience* 17, 11 (2016): 718–731.

Coffield, F. "Learning styles: Unreliable, invalid and impractical and yet still widely used." Chapter 13 in *Bad Education: Debunking Myths in Education*, P Adey and J Dillon, eds. Berkshire, UK: Open University Press, 2012, pp. 215–230.

Cowan, N. "The magical number 4 in short- erm memory: A reconsideration of mental storage capacity." *Behavioral and Brain Sciences* 24, 1 (2001): 87–114.

DeCaro, MS, et al. "When higher working memory capacity hinders insight." *Journal of Experimental Psychology: Learning, Memory and Cognition* 42, 1 (2015): 39–49.

DeFelipe, J, et al. "The death of Cajal and the end of scientific romanticism and individualism." *Trends in Neurosciences* 37, 10 (2014): 525–527.

Di, X, and BB Biswal. "Modulatory interactions between the default mode network and task positive networks in resting-state." *Peer Journal* 2 (2014): e367.

Dreslcr, M, et al. "Mnemonic training reshapes brain networks to support superior memory." *Neuron* 93, 5 (2017): 1227–1235.e6.

Dunlosky, J, et al. "Improving students' learning with effective learning techniques: Promising directions from cognitive and educational psychology." *Psychological Science in the Public Interest* 14, 1 (2013): 4–58.

Dweck, CS. *Mindset: The New Psychology of Success.* New York: Random House, 2006. 한국어판은《마인드셋》, 김준수 옮김, 스몰빅라이프, 2017.

Ericsson, KA. "Exceptional memorizers: Made, not born." *Trends in Cognitive Sciences* 7, 6 (2003): 233–235.

———. "The influence of experience and deliberate practice on the develop\-ment of superior expert performance." *Cambridge Handbook of Expertise and Expert Performance* 38 (2006): 685–705.

Ericsson, KA, and R Pool. *Peak: Secrets from the New Science of Expertise.* New York: Eamon Dolan/ Houghton Mifflin Harcourt, 2016. 한국어판은《1만 시간의 재발견》, 강혜정 옮김, 비즈니스북스, 2016.

Felder, RM. "Memo to students who have been disappointed with their test grades." *Chemical Engineering Education* 33, 2 (1999): 136–137.

Gallistel, CR, and LD Matzel. "The neuroscience of learning: Beyond the Hebbian synapse." *Annual Review of Psychology* 64, 1 (2013): 169–200.

Gobet, F, et al. "What's in a name? The multiple meanings of 'chunk' and 'chunking.'" *Frontiers in Psychology* 7 (2016): 102.

Guida, A, et al. "Functional cerebral reorganization: A signature of expertise? Reexamining Guida, Gobet, Tardieu, and Nicolas' (2012) two-stage framework." *Frontiers in Human Neuroscience* 7, doi: 10.3389/fnhum.2013.00590. eCollection (2013): 590.

Guida, A, et al. "How chunks, long- erm working memory and templates offer a cognitive explanation for neuroimaging data on expertise acquisition: A two-stage framework." *Brain and Cognition* 79, 3 (2012): 221–244.

Guskey, TR. "Closing achievement gaps: Revisiting Benjamin S. Bloom's 'Learning for Mastery.'" *Journal of Advanced Academics* 19, 1 (2007): 8–31.

Hunt, A, and D Thomas. *The Pragmatic Programmer: From Journeyman to Master.* Reading, MA: Addison-Wesley Professional, 1999.

Karpicke, JD, and A Bauernschmidt. "Spaced retrieval: Absolute spacing enhances learning regardless of relative spacing." *Journal of Experimental Psychology: Learning, Memory, and Cognition* 37, 5 (2011): 1250.

Karpicke, JD, and JR Blunt. "Retrieval practice produces more learning than elaborative studying with concept mapping." *Science* 331, 6018 (2011): 772–775.

Kirschner, PA, et al. "Why minimal guidance during instruction does not work: An analysis of the failure of constructivist, discovery, problem-based, experiential, and inquiry-based teaching." *Educational Psychologist* 41, 2 (2006): 75–86.

Lin, T\-W, and Y\-M Kuo. "Exercise benefits brain function: The monoamine connection." *Brain Sciences* 3, 1 (2013): 39–53.

Lu, B, et al. "BDNF-based synaptic repair as a disease-modifying strategy for neurodegenerative diseases." *Nature Reviews: Neuroscience* 14, 6 (2013): 401.

Luksys, G, and C Sandi. "Synaptic mechanisms and cognitive computations underlying stress effects on cognitive function." Chapter 12 in *Synaptic Stress and Pathogenesis of Neuropsychiatric Disorders*, M Popoli, D Diamond, and G Sanacora, eds. New York: Springer, 2014, pp. 203–222.

Maguire, EA, et al. "Routes to remembering: The brains behind superior memory." *Nature Neuroscience* 6, 1 (2003): 90.

Moussa, M, et al. "Consistency of network modules in resting-state fMRI connectome data." *PLoS ONE* 7, 8 (2012): e44428.

Oakley, BA. *A Mind for Numbers: How to Excel at Math and Science.* New York: Tarcher/ Penguin, 2014.

Oakley, BA. *Mindshift: Break Through Obstacles to Learning and Discover Your Hidden Potential.* New York: TarcherPerigee, 2017.

Partnoy, F. *Wait: The Art and Science of Delay.* New York: PublicAffairs, 2012.

Patston, LL, and LJ Tippett. "The effect of background music on cognitive performance in musicians and nonmusicians." *Music Perception: An Interdisciplinary Journal* 29, 2 (2011): 173–183.

Phillips, DC. "The good, the bad, and the ugly: The many faces of constructivism." *Educational Researcher* 24, 7 (1995): 5–12.

Qin, S, et al. "Hippocampal-neocortical functional reorganization underlies children's cognitive development." *Nature Neuroscience* 17 (2014): 1263–1269.

Ramón y Cajal, S. Recollections of My Life. Cambridge, MA: MIT Press, 1937 (reprint 1989). Originally published as *Recuerdos de Mi Vida* in Madrid, 1901– 917, translated by EH Craigie.

Rittle-johnson, B, et al. "Not a one- ay street: Bidirectional relations between procedural and conceptual knowledge of mathematics." *Educational Psychology Review* 27, 4 (2015): 587–597.

Roediger, HL, and MA Pyc. "Inexpensive techniques to improve education: Applying cognitive psychology to enhance educational practice." *Journal of Applied Research in Memory and Cognition* 1, 4 (2012): 242–248.

Rogowsky, BA, et al. "Matching learning style to instructional method: Effects on comprehension." *Journal of Educational Psychology* 107, 1 (2015): 64–78.

Rohrer, D, et al. "The benefit of interleaved mathematics practice is not limited to superficially similar kinds of problems." *Psychonomic Bulletin Review* (2014): 1323–1330.

Rohrer, D, and H Pashler. "Recent research on human learning challenges conventional instructional strategies." *Educational Researcher* 39, 5 (2010): 406–412.

Rupia, EJ, et al. "Fight-fight or freeze-hide? Personality and metabolic phenotype

어떻게 공부할지 막막한 너에게

mediate physiological defence responses in flatfish." *Journal of Animal Ecology* 85, 4 (2016): 927–937.

Sapolsky, RM. "Stress and the brain: Individual variability and the inverted-U." *Nature Neuroscience* 18, 10 (2015): 1344–1346.

Schenk, S, et al. "Games people play: How video games improve probabilistic learning." *Behavioural Brain Research* 335, Supplement C (2017): 208–214.

Scullin, MK, et al. "The effects of bedtime writing on difficulty falling asleep: A polysomnographic study comparing to-do lists and completed activity lists." *Journal of Experimental Psychology: General* 147, 1 (2018): 139.

Settles, B, and Hagiwara, M. "The best time of day to learn a new language, according to Duolingo data," *Quartz*, Feb 26, 2018. https://qz.com/1215361/the-best-time-of-day-to-learn-a-new-language-according-duolingo-data.

Shenhav, A, et al. "Toward a rational and mechanistic account of mental effort." *Annual Review of Neuroscience* 40, 1 (2017): 99–124.

Shih, Y_N, et al. "Background music: Effects on attention performance." *Work* 42, 4 (2012): 573–578.

Smith, AM, et al. "Retrieval practice protects memory against acute stress." *Science* 354, 6315 (2016).

Sweller, J, et al. *Cognitive Load Theory.* New York: Springer, 2011.

Szuhany, KL, et al. "A meta-analytic review of the effects of exercise on brain-derived neurotrophic factor." *Journal of Psychiatric Research* 60 (2015): 56–64.

Thompson, WF, et al. "Fast and loud background music disrupts reading comprehension." *Psychology of Music* 40, 6 (2012): 700–708.

Thurston, WP. "Mathematical education." *Notices of the American Mathematical Society* 37, 7 (1990): 844–850.

van der Schuur, WA, et al. "The consequences of media multitasking for youth: A review." *Computers in Human Behavior* 53 (2015): 204–215.

Van Praag, H. "Exercise and the brain: Something to chew on." *Trends in*

Neurosciences 32, 5 (2009): 283–290.

Van Praag, H, et al. "Running enhances neurogenesis, learning, and long-term potentiation in mice." *Proceedings of the National Academy of Sciences of the United States of America* 96, 23 (1999): 13427–13431.

Vlach, HA, and CM Sandhofer. "Distributing learning over time: The spacing effect in children's acquisition and generalization of science concepts." *Child Development* 83, 4 (2012): 1137–1144.

Waitzkin, J. *The Art of Learning: An Inner Journey to Optimal Performance*. New York: Free Press, 2008.

Walker, M. *Why We Sleep: Unlocking the Power of Sleep and Dreams*. New York: Scribner, 2017. 한국어판은《우리는 왜 잠을 자야 할까》, 이한음 옮김, 열린책들, 2019.

White, HA, and P Shah. "Creative style and achievement in adults with attention-deficit/hyperactivity disorder." *Personality and Individual Differences* 50, 5 (2011): 673–677.

Willingham, D. *Why Don't Students Like School? A Cognitive Scientist Answers Questions About How the Mind Works and What It Means for the Classroom*. San Francisco, CA: Jossey-Bass, 2010.

Xie, L, et al. "Sleep drives metabolite clearance from the adult brain." *Science* 342, 6156 (2013): 373–377.

Yang, G, et al. "Sleep promotes branch-specific formation of dendritic spines after learning." *Science* 344, 6188 (2014): 1173–1178.

Zull, JE. *The Art of Changing the Brain: Enriching the Practice of Teaching by Exploring the Biology of Learning*. Sterling, VA: Stylus Publishing, 2002.

P.27   Magnus Carlsen and Garry Kasparov, image courtesy CBS News.

P.29   MRI scanner at Narayana Multispeciality Hospital, Jaipur, by GeorgeWilliams21, https://commons.wikimedia.org/wiki/File:MRI_Scanner_at_Narayana_Multispeciality_Hospital,_Jaipur.jpg.

P.29   Sagittal brain MRI, by Genesis12~enwiki at English Wikipedia, https://commons.wikimedia.org/wiki/File:Sagittal_brain_MRI.jpg.

P.36   Pyramid of dimes, courtesy the author.

P.48   Pomodoro timer, Autore: Francesco Cirillo rilasciata a Erato nelle sottostanti licenze seguirÃ OTRS, http://en.wikipedia.org/wiki/File:Il_pomodoro.jpg.

P.49   Iliriana Baftiu relaxing, © 2018 Bafti Baftiu.

P.77   Santiago Ramó y Cajal in Zaragoza, Spain (ca. 1870), https://commons.wikimedia.org/wiki/File:Santiago_Ram%C3%B3n_y_Cajal,_estudiante_de_medicina_en_Zaragoza_1876.jpg.

P.99   Inverted light microscopy image of neuron altered from original image, courtesy Guang Yang.

P.103   Brick walls, © 2014 Kevin Mendez

P.136   Monkeys in a benzene ring formation, from Berichte der Durstigen

Chemischen Gesellschaft (1886), p. 3536.

P.136   Conventional benzene ring modified from http://en.wikipedia.org/wiki/
File:Benzene-2D-full.svg.

P.144   Rachel Oakley learning to back up a car, © 2018 Philip Oakley.

P.171   Julius Yego, photo by Erik van Leeuwen, attribution: Erik van Leeuwen
(bron: Wikipedia).—erki.nl, GFDL, https://commons.wikimedia.org/w/
index.php?curid=42666617.

P.172   Https://commons.wikimedia.org/wiki/File:Hippocampus_and_seahorse_
cropped.JPG.

P.174   Image of "BDNF-based synaptic repair" by kind permission of Bai Lu,
after "BDNF-based synaptic repair as a disease-modifying strategy for
neurodegenerative diseases," Nature Reviews Neuroscience 14, 401–416
(2013).

P.185   Puzzle of man in Mustang, partly assembled, image © 2014 Kevin
Mendez and Philip Oakley.

P.185   Puzzle of man in Mustang, mostly assembled, image © 2014 Kevin
Mendez and Philip Oakley.

P.185   Puzzle of man in Mustang, faint and partly assembled, image © 2014
Kevin Mendez and Philip Oakley.

P.197   Construction paper brain-links, © 2018 Zella McNichols.

P.281   Dime solution, image courtesy the author.

All other illustrations by Oliver Young.

옮긴이 | 백지선

이화여자대학교 영어영문학과를 졸업하였다. KBS, EBS, 케이블 채널에서 다큐, 애니메이션, 외화를 번역하다가 글밥 아카데미 수료 후 현재 바른번역 소속 번역가로 활동 중이다.

옮긴 책으로는 《부의 원천》, 《내 아이를 위한 완벽한 교육법》, 《게팅 하이》, 《온 파이어》, 《죽은 친구의 초대》 등 다수가 있다.

어떻게 공부할지
막막한 너에게

초판 1쇄 발행 2021년 7월 20일
초판 2쇄 발행 2021년 8월 18일

지은이	바버라 오클리·테런스 세즈노스키·앨리스테어 맥콘빌
옮긴이	백지선
펴낸이	金鎭珉
펴낸곳	북로그컴퍼니

주소	서울시 마포구 월드컵북로1길 60(서교동), 5층
전화	02-738-0214
팩스	02-738-1030
등록	제2010-000174호

ISBN   979-11-90224-96-3 03370

원고투고   blc2009@hanmail.net

블로그	blog.naver.com/blc2009
인스타그램	@booklogcompany
페이스북	facebook.com/blc2009
유튜브	북로그컴퍼니